春泥有情护花开

东莞外国语学校家校共读活动成果集

陈彩虹 王蕾 主编

线装书局

图书在版编目（CIP）数据

春泥有情护花开：东莞外国语学校家校共读活动成果集 / 陈彩虹，王蕾主编. -- 北京：线装书局，2021.1

ISBN 978-7-5120-4311-4

Ⅰ.①春… Ⅱ.①陈…②王… Ⅲ.①学校教育 - 合作 - 家庭教育 - 文集 Ⅳ.① G459-53

中国版本图书馆 CIP 数据核字（2020）第 231260 号

春泥有情护花开——东莞外国语学校家校共读活动成果集

主　　编：陈彩虹　王　蕾
责任编辑：林　菲
出版发行：线装書局
　　地　　址：北京市丰台区方庄日月天地大厦 B 座 17 层（100078）
　　电　　话：010-58077126（发行部）　010-58076938（总编室）
　　网　　址：www.zgxzsj.com
经　　销：新华书店
印　　制：天津雅泽印刷有限公司
开　　本：710mm×1000mm　1/16
印　　张：12.25
字　　数：158 千字
版　　次：2021 年 1 月第 1 版第 1 次印刷
印　　数：0001—3000 册

定　　价：45.00 元

线装书局官方微信

前言

对学生身心发展水平、学业水平与社会能力的合力提升
——东莞外国语学校家校共读课程设计初衷

陈彩虹　王蕾

东莞外国语学校（以下简称"莞外"）成立于2014年。自建校以来，学校就意识到教育学生不仅仅是学校的事情，家庭、社会更需要发挥其不可忽视的重要作用。为了提升和推进家庭教育质量，力求家校共育课程专业化、规范化、系统化、科学化，共同搭建有效的可持续发展的家校共育平台，形成学校、家长和孩子一起成长的学习共同体，让每一个孩子在家庭和学校的共同努力下成为自信、阳光、有责任、有担当的优秀公民，也为了建立健全家庭教育指导服务体系，打造有莞外特色的家庭教育品牌，学校策划并开展了家校共育活动，同时成立了家长学校，建立了莞外家校大课堂。

莞外家校大课堂针对不同年龄阶段的家长设计不同的主题课程，协助家长提升个人素质和家庭教育水平。自2017年家长学校成立后，学校设计家庭教育课程历经"专家讲堂""家庭教育沙龙"等，旨在针对不同年级孩子父母的教育需求，抓住家庭教育中的"痛点""痒点""燃点"，从孩子的身心发展、学业发展与社会能力发展三个层面与家长进行对接。同时，对不同年级孩子的典型案例进行具体分析和实践指导，启发、激励每一个家庭承担起学习新的亲子教育方法、培养更优秀的孩子、提升

家庭文化素养与社会地位的责任。这样的课程设置，为拓展我校学生家长的家庭教育视野，解除家庭教育困惑提供了有力支撑。

但是，历经几年实践探索后，我们发现：囿于学校场地，这样的家庭教育课程横向来讲，面不够广；纵向来讲，度不够深。如何设计普及面广、启发度深的课程是我校面临的新挑战。在与著名教育学者张文质教授的交流沟通中我们发现，家校共读是弥补我校当下家庭教育短板的一个有效途径。家校共读，顾名思义就是学校教师与学生家长共读一本书。书籍由学校或家长进行筛选，家校在规定时间内一起完成阅读。在阅读过程中，学校、班级可定期组织读书沙龙活动，进行读书交流，在交流中达成家校间的教育共识，进而实现家校共育。

一、家校共读目标

（1）致力于家长成长：使家长更加明确自己的家庭教育主体职责，做反思型、学习型父母。父母在陪伴孩子成长的过程中，自身也得以成长，成为更专业的父母。

（2）致力于孩子成长：家校是生命共同体、学习共同体和行动共同体。家校之间通过共读形成共识，继而形成教育合力，推动更好的家校共育，最终促进孩子的成长。

（3）致力于达成共识：通过学校教师与家长共读一本书，家校在教育方式方面达成共识，进而实现对孩子的共育。

二、家校共读实施措施

每本书的共读分成共读准备、自由共读、团体共读、共读故事征集、共读成果研究五个阶段。

1. 共读准备

在学校所有的网络渠道每日转发共读书籍的音频以及相关家庭教育美文，让家长们通过这种轻松、无障碍、无"门槛"的方式初步了解所要共读的书目和它传递的家庭教育理念，形成共读氛围。

2. 自由共读

家长自行购买共读书籍，并自由共读10天，学校来规定内容和进度。同时，学校还配合开展持续的共读发起活动，为第二阶段的团体共读做铺垫。

3. 团体共读

家长群中自由共读10天，初步了解和泛读书籍后，学校开始开展有组织、有计划、有目的的团体共读活动。活动以班级为单位，由班主任老师引导执行，统一每日共读内容和进度，在班级群——QQ群或微信群里接龙打卡，互相督促。同时，可配合开展多样的共读活动。

（1）家长进课堂：每周邀请一位家长进课堂，分享自己的读书心得、亲子故事、孩子的成长故事等，以此搭建父母与孩子之间的沟通桥梁，形成更为亲密、更有共同情感的亲子关系，让孩子见证父母的成长，让父母更加理解、接纳和尊重孩子的成长，形成更和谐、更美满的家庭氛围。

（2）线下共读：每两周举办一次以班级为单位的线下共读活动，分享共读心得，解决共读困惑。每一次线下共读活动都要做好录音和实记，及时保存第一手共读资料，跟踪每一位家长的共读情况，以进一步引导家长进行实践。

4. 共读实践故事征集

征集受共读活动影响而发生的"父母改变 孩子改变"的家庭教育实践故事实例，引导和鼓励父母们学以致用，勇于自我革新，并乐于分享。

5. 共读成果研究

第一步：指导学校组织共读的教师、班主任和优秀家长代表组建家校共读研究团队，整理全校共读成果，按不同主题分门别类存档、成册，并以此为研究基点，梳理家校共育的意义、目标、实效及进一步深化的途径。

第二步：在每个学期的期中和期末，学校集中将家校共读活动中的视频、音频、图片和文字等资料在校内做展示活动，与全校师生交流、宣传家校共育成果。

第三步：家校共读团队将成果梳理成研究报告、论文等形式，发布在各级各类刊物上，向校外展示宣传。

第四步：形成学校的家庭教育研究课题。第一学年，指导学校成立家庭教育课题研究小组，并召开课题报告会；第二学年，开展课题中期汇报活动；第三学年，课题结题，以视频、教材、专著等多元的呈现方式展现研究成果，形成有学校特色的家庭教育研究专题。

截至目前，我校家校共读活动开展已近两年时间。通过家校共读活动，学校与家长的心离得更近了，相互间的理解更深了，家校协同的力度更大了，孩子生活得更加幸福了。

家校共读，让家长成长，让教师宽容，让孩子幸福。

目 录

家校共读目的

深入理解班主任工作，从共读开始	曾晓燕	003
共读，家校合作更默契	余小燕	008
在书香中蕴藏的幸福教育	黄安梅	013
把书读到灵魂深处	刘丽敏	021
共读，给予我教育教学的启发	黎海银	026
让生命朝着最佳状态生长	周　颖	030

家校共读组织策略

理解家庭教育的三个关键词	危菲菲	039
你我同行，向育人更深处漫溯	谭　萍	043
共读：让教学更顺利的一种途径	陈少姬	051
共读入口苦，成长回甘甜	杜佩珊	054
家校共读，在实践中初见成效	李　艳	061

家校共读故事

共读后发生的小故事	何慧敏	073
共读，共爱，共进	王玉卓	077
早期成长，离不开母亲"在场"	胡庆姝	080
共读让家校沟通更顺畅	吴兴妍	085
在共读中一起成长	谷宇晴	090
用"奶""蜜""盐"治愈一生	余 柳	095
每个年代的教育心境	吴春芳	100
让教育"可蜜可盐"	黄惠珍	104

家校共读收获

实施家校共读，合力共育成长	朱晓岚	111
爱的背后，是懂与尊重	杨露蓉	118
家校共读：构建家校合作的桥梁	纪天娇	126
家校共读的价值与意义	任 莉	130
有了爱就有力量，在共读中成长	郭雪梅	137
在共读中我读懂了真正的爱	李杰仪	142

家校共读反思

一个都不能少	刘 青	149

"缓慢"——生命成长的力量	刘燕悦	154
由小学生做家务问卷调查引发的教育思考	张　君	158
陪伴——永远不要缺失的家庭教育	章榕榕	162
遇见·爱	梁晓莹	167
寻找每个家庭专属的"奶""蜜""盐"	宋玉莲	171
教师改变，学生改变	吴曼生	175
教育孩子不仅要有爱心，更要有方法	谢　念	180

家校共读目的

只有家庭教育的学校教育或只有学校教育的家庭教育,都不可能完成培养人这样一个极其艰巨而复杂的任务。

——苏霍姆林斯基

深入理解班主任工作，从共读开始

曾晓燕

第一次拿到《奶蜜盐》这本书，从书名看，感觉它更像一本食谱。品读过后，我发现这的确是孩子成长过程中的"食谱"，在什么阶段为孩子提供什么食材，在书中都能找到答案。奶、蜜、盐，是人类生活中极为常见和必不可少的三种物质，在教育层面，它们又意味着什么？本书没有枯燥的理论，没有空谈，有的是朴实的话语、鲜活的案例，为家庭教育从根源处分析问题，找到解决方案。

而我从一位教师、一位班主任的角度来阅读它，更了解孩子了，无论是在理论上还是在实践上均收获颇丰。从教近4年，我遇到过许多大大小小的教育问题，有些问题似乎现场就被解决了，但不久后又重新上演。孩子的成长不是消灭一个个问题就能完成的，它是一个连续的、系统的、复杂的过程。如果不从根源处找到问题的原因，不从自身反思中找到问题的答案，类似的问题就会像被施了魔咒一样重复出现。借此机会，我想重新审视并梳理自己的教育理念，从班主任的角度和大家分享我阅读该书的一些启示。

一、用心陪伴沟通　提供成长之"奶"

本书中"奶"的源意义，就是母乳，母亲的奶水，从书中的教育观点来讲，是指生命成长里所需的基本的、充足的父母之爱。在家庭中，父母是孩子最亲密的人；在学校中，老师无疑是孩子们最信任、最依赖的人。

老师可能会每天都听到孩子们的一些"倾诉"，这其实是他们向老师寻求帮助的信号。而班主任除了平时上课之外，会陪伴孩子们一起午餐、午休、打扫教室，帮助孩子们处理各种问题，共同管理班级。因此，在学校内，班主任是听到孩子最多倾诉，陪伴孩子最多、最久的人。这个简单行为的背后，蕴含了很多对孩子成长的有益价值，核心的价值就是给予他们安全感，这对低年级的孩子们来说尤为重要。

我有幸做过一年级小朋友的班主任。记得刚开学的那段时期，我是迷茫的，除了需要处理班级的各种事务，也需要从零开始培养孩子们的在校习惯。这就要求用心陪伴，如果孩子做对了，及时给予鼓励，让孩子能逐渐分辨怎样做才是正确的，强化他朝着对的方向继续前行；如果孩子做错了，也要及时发现，进而给予善意的提醒与帮助。班主任和老师的陪伴，也向孩子们传递着一个观点：你们在学校不是孤单的，老师一直都爱着你们。孩子的安全感、信赖感，以及被爱的感觉，都是在老师的陪伴中获得的。

陪伴还有另一层重要的含义：孩子与老师在一起，言传身教则变成日常生活中最自然的教育。孩子们会模仿老师的一言一行，因此老师在学校需注意行为举止，更需要时时思考更恰当的与孩子沟通的方式。

而班主任在学校的贴心陪伴、用心沟通，能为孩子营造一个充满温暖、充满安全感的生活学习环境，孩子们才能成长得更加健康、更活泼生动、更舒展明亮。

二、尊重成长规律　酿造童年之"蜜"

> "蜜"的源意义,就是甜蜜的蜜。书中所谈到的"蜜",是指在孩子生命成长的过程中,要把鼓励、赞美这些甜蜜的情感支持方式,变成最重要的与孩子互动的方式。

我深深地知道一年级的小朋友正处于养成习惯的关键期,因此自他们入校以来,我对他们的要求就颇为严格。我心想着先树立好威信,让孩子们先规范好在学校的行为表现,再慢慢地给他们品尝"甜"。

但我反思之后发现,有时候严格起来,会把鼓励和赞美都抛之脑后。而对于重复犯同一个错误的孩子,我总想着去改变他、调整他,但最后他还是会再犯。《奶蜜盐》里说了一个很值得关注的调查结果:孩子在16岁之前,基本上没有自我改正错误的能力,因此他们才会不断地犯错误。

所以,我对自己的"急性子",感到很惭愧。我太相信教育会有立竿见影的效果了,总是认为通过某一种方法就能迅速帮助孩子进入更好的状态,而忽视了孩子本身所具有的慢慢改善自我的成长能力。例如我总会发愁:为什么我在课堂上讲过的题目,孩子们依然会写错?为什么我在班会课上强调的事项,还是有学生会忘记?为什么每天都在提醒孩子们注意安全,依然会有孩子磕磕碰碰地受伤?直到现在我才渐渐明白,孩子反复犯错正是他们成长过程中的正常表现。孩子是在不断犯错、不断失败中来发展能力以及完善自我认知的。如果教师害怕学生失败、犯错,太看重眼前的表现,对学生的成长百害而无一利,也只会让学生的眼界变得越来越狭窄。孩子的成长是一个缓慢的过程,每个孩子都有他自身的成长规律,作为教师,应该尊重孩子的成长,理解他、接受他、包容他、鼓励他,让他知道,即使他犯错,老师依然爱他,依然相信他会做得越来越好。

坦然一些吧，慢一些又何妨？真诚地信任孩子，理解、接受、支持孩子，允许孩子犯错，让孩子按照自身的成长规律去成长。还要鼓励孩子积极参与对世界的探索，激发他们的好奇心，给他们犯错的空间，让孩子在改正错误的过程中体会成功的喜悦，欣赏这个世界美好的一面。

三、塑造良好品格　巧添智慧之"盐"

"盐"，从字面上看，就是盐巴的盐，是食物的调味料，是人类和动物生存不可或缺的物质。该书中的"盐"，是指孩子成长过程中所需要的"盐"和各种正常的历练，以及孩子在历练中所形成的人生智慧、良好品格。

在和孩子相处的过程中，光有陪伴与鼓励是远远不够的，班主任还肩负着培养孩子坚毅、勇敢、敢作敢当等优异品格的责任。对于一年级的孩子来说，责任感的培养尤为重要。要培养孩子们的责任感，须让他们知道"我的班级我做主"，要主动承担起自己力所能及的班级事务。班干部不应只局限于一部分孩子，人人都是班级的小主人，人人都要当家做主。若有做得欠佳的地方，同学们一起商量，共同攻克难题。实在解决不了的问题，班主任可适当地给予指导。

同时要注意，班主任需陪伴，但不要事事包办。别看一年级的小豆丁年纪小，可他们能做的事情可不少。他们的责任感不但体现在日常的班干部管理中，还体现在日常生活的点点滴滴中。像午餐后自己倒残渣，午休后叠好被子整理好床铺，等等。

还有，孩子若做错了事情，教师应该理解与接受，但绝不能放任不管。爱孩子，就要让孩子意识到自己的错误，并勇敢地承担责任，做一个有担当的人。班主任还可根据班级的实际情况，定期举行不同主题的班会课，如责任、劳动、自信、感恩等，适时地进行道德、品格教育。

总的来说，"奶"的供给，让孩子拥有身心成长的足够养分；"蜜"的酿造，让孩子认识和体察"好的世界"；而"盐"的添加，能让孩子从中汲取到用之不尽的力量，塑造良好的品格，让孩子明白，面对困难时，不回避、不退缩，用自己的力量勇敢前行。

在孩子成长过程中，教师应给足孩子成长之"奶"，为孩子酿造童年之"蜜"，并巧妙、精心、适量地注入智慧之"盐"。在奶、蜜、盐这三重营养的滋润下，相信孩子能更快乐地成长，更勇敢地去适应这个世界，生命也会变得更加丰盈而有活力。

共读，家校合作更默契

余小燕

家庭是学生成长的第一所学校，它孕育着学生的习惯、品质、性情……父母的一言一行直接影响着孩子的成长。当孩子走出家庭迈进学校，学校的老师、同学、班级文化和校园文化又对孩子的成长产生潜移默化的影响。

从学生在学校的表现可以看出家长的家庭教育理念，而学校的办学理念会通过育人活动和评价制度等作用在学生身上。在日常的工作中，班主任作为沟通家校关系的纽带，最容易发现家校合作的默契点和分歧点。

随着社会的发展，教育面临着新的挑战。老师和父母作为教育者，都要不断地学习和成长。要让家校共育的目标真正实现，家校共读活动开展无疑是达成家校默契合作、增进家校间彼此理解的最佳途径。

一、家校共读——好习惯养成篇

每接一个新班，我都会认真观察每个学生的日常表现，了解他们的兴趣爱好、身心状况和学习情况，也会浏览一遍学生的基本信息，邀学生家长谈谈，或进行一次家访。在了解基本情况后，我会和家长进行第一次共读。教师和家长阅读后的心得体会，会在群里进行定期交流分享。

共读的最终价值追求，是教师和家长将书本的知识应用到实际生活中去，能更重视孩子的习惯养成教育，甚至会更好地反省和检讨自身的不好习惯，以便能更好地以身作则影响孩子。

例如，在共读活动开展过程中，为了让学生养成上课不迟到的习惯，我们的老师通常会在上课铃声响之前进教室，并要求家长在生活中按时赴约，在单位上班不迟到，送孩子上学也不迟到。

这些细节，让班主任在日常工作中不需要因为学生们迟到而逐个打电话与家长沟通——迟到现象的消失只因为家长与老师通过共读无形中达成的守时共识。共读，让家校在培养学生生活习惯和学习习惯时如此高效。

二、家校共读——阅读篇

在小学阶段，孩子们要养成的一项特别重要的学习习惯就是阅读。陶行知先生认为，好学是传染的，一人好学，可以让其他许多人好学。作为语文教师和班主任，我非常重视用书籍涵养孩子的性情。语文成绩不理想、班风躁动、言语不文明、交往习惯不好等现象都可以通过阅读改变。

每接一个班，我都会让学生带两本最喜欢的书来学校。这样，我可以比较快地了解学生阅读的质与量，有针对性地推荐相关书籍给学生。面对那些拿起书就发呆或乱翻几下便丢开的学生，教师要做的是用最合适的方式培养这类学生的阅读习惯。而要想让孩子真正爱上阅读，父母养成阅读习惯或者能主动陪孩子阅读就显得非常重要了。我们的做法是，老师推荐共读书籍（如《小故事大道理》）给中年级学生阅读，任务期内，家长和老师也跟着读。当学生就阅读内容提问时，家长或老师可以更好地与其交流。交流中，孩子在阅读中的疑难问题得以梳理，阅读收获得以分享，阅读感受也在交流中产生共鸣，阅读兴趣自然会更浓，阅读的热情也会被激发。

还有，我们会通过写读后感的方式，让学生、教师、家长把读后感写下来，贴在教室的读后感区域。这样，大家的阅读积极性都会被调动起来，阅读的兴趣也会越发浓厚。

其实在阅读目标上，家长与教师目标一致，那就是让孩子爱上读书。我告诉家长们，仅靠老师在学校里安排阅读，是不够的，还需要大家积极配合，参与共读，以自身行动影响孩子。而家长们也是教子心切，每当我读完一本书，并把读后感发到班级群里，推荐家长们也去读一读时，家长们都会积极去阅读。班级群里，家长们也会就让孩子读什么书，或就书里面的情节等话题讨论不休，常常碰撞出精彩的火花。现在有很多家长积极加入阅读大军，并选择自己认为好的书籍推荐给其他家长，一起学习、一起进步。

自从班里学生都爱上了阅读，学生的词汇丰富了，语言优美了，写诗作文都是水到渠成的事了。随着阅读习惯的养成，他们也慢慢养成手不释卷的习惯，不再需要用制度来约束了。孩子的阅读习惯带来的良性循环，也让家长更加意识到要和孩子一起成长。家长成长了，学校教育更容易得到家长的认可和支持。

三、家校共读——理念篇

在家庭教育共读选材上，学校邀请家庭教育专家张文质老师给家长做讲座。《奶蜜盐》《父母改变　孩子改变》是张老师推荐给家长和老师的两本共读书。这两本书让很多焦虑、迷茫或是跟不上孩子成长脚步的家长们更新了育儿理念。因为家校共读活动，老师、家长双方关系更加融洽、更加和谐了。

在孩子的人生道路上，我们的目标一致，都是站在有利于孩子发展的角度上，帮助孩子解决问题，帮助孩子进步，实现教育上的合作共赢。家校之间不就应该这样彼此协调、彼此包容吗？

陶行知先生说:"真教育是心心相印的活动,唯独从心里发出来的,才能达到心灵深处。"

教育中最让学校和家长头疼的恐怕就是后进生的问题了。在学生成长过程中,教师要努力转化后进生,帮助后进生改掉不良的习惯,而家庭教育对学生的转化作用不亚于学校教育。作为后进生的家长,一般没有认识到孩子的某些习惯不好,或者家长本身就有这样的性格和习惯。教师这时候更需要做的是帮助家长认识到后进生的问题所在及其形成的根源,并知道如何去转化。这里有一个家校合力转化后进生的故事:

> 班上有个孩子,比较多动,喜欢欺负同学,任性霸道。为了防微杜渐,我迫不及待地电访了他的妈妈——只有家长的行为改变才会使孩子的行为得到改善。我发现该家长认为老师对孩子有偏见,于是我常常约孩子的妈妈一起聊天、开导她,继而了解到这个妈妈是个要强的女性,但在对孩子的教育上,她总是顺着孩子、溺爱孩子,导致孩子养成不少坏习惯。妈妈特别希望能改正孩子的一些不良习惯,但不知如何去做。我给孩子妈妈推荐了几本好书:《家为什么伤人》《法国妈妈育儿经》,还有孙云晓、李跃儿和尹建莉老师编的书籍。从那以后,每天可以在她的朋友圈看到她写的读书感言。当老师反馈给她孩子的不良表现时,她会认真反思并且有效地跟进,而不是觉得老师对自己孩子有偏见。

陶行知先生如是说:"学校和家庭构成一体,彼此可以来往,教师不再孤立,学校也不再和社会隔膜,而能真正地通出教育的电流,碰出教育的火花,发出教育的力量。"学校教育和家庭教育是相辅相成、不可分割的。只有家校合心、共同教育才能让孩子更好地成长。家长和老师也应该是最好的朋友，为了孩子，让彼此的关系变得没有嫌隙、平等而和谐。

  阅读是促进家校合作的桥梁，因为共读一本书，家长、孩子、老师的心走得更近；因为共读一本书，我们梦想一致，就是用真心关爱孩子，引领孩子成长，让每个孩子都变成更耀眼的星星；因为共读一本书，家长寻找到了新的教育理念，不再对孩子的问题心急如焚，也看到了生活的希望。

  没有父母的成长，就没有孩子的成长。感谢共读，它让老师、家长、孩子在共读的碰触中闪耀着幸福的火花；感谢共读，它让我们拥有了快乐的力量。在今后的教育岁月里，我们继续与共读前行！

在书香中蕴藏的幸福教育

黄安梅

2015年，教育部颁发了《教育部关于加强家庭教育工作的指导意见》（以下简称《意见》）。《意见》强调家庭教育工作的重要意义，明确家长在家庭教育中的主体责任，要求充分发挥学校在家庭教育中的重要作用。2017年全国两会期间，著名企业家、全国政协委员曹德旺呼吁制定家长教育法，建议家长要经过专业的培训并"持证上岗"。中国家长教育研究所所长齐大辉在总结家庭教育中指出："许多家长在迎接新生命到来时没有知识准备，纯属'无知'，在孩子的成长过程中没有科学的教育方法，明显'无法'，孩子进入叛逆期时无法与孩子沟通，唯有'无奈'。"

为了让家长能储备更多的家庭教育科学知识，学习到更多教育孩子的有效方法，与孩子之间有更好的沟通，东莞外国语学校开启了家校共读活动。这两年的家校共读活动，给孩子、家长、教师都带来了幸福的体验，对家庭教育、学校教育发展有着明显的促进作用。

一、更新育儿理念

（一）共读育儿书，尊重孩子成长的规律

不同年龄段的孩子的心理特征是不一样的，家长不能用同一套方法

应对 0～18 岁的孩子。即使孩子是在小学阶段，父母也需要不断调整自我去面对孩子的变化。在开展共读后，不少家长对孩子的成长有了更深的体会。以下是某家长的家校共读感想：

> 在教育的过程中我常常是焦虑而痛苦的，直到遇到《奶蜜盐》这本书，我看到了自己经常不经意地伤害孩子的行为。
>
> 例如，列出不允许孩子去做的条条框框；当孩子的选择与自己的意见有冲突的时候，我往往会说服孩子按我的意愿做。去年孩子钢琴冲刺训练考级通过了六级，但我心里明白，我只为了一本证书而不是让孩子真正享受音乐，这是一种错误的选择。我果断与孩子敞开心扉交流，了解到孩子是喜欢音乐的，也愿意为音乐投入精力和时间。我第一次选择尊重他，暂时放弃考级，跟随资深老师学习，沉下心来从基本功重新开始。现在孩子的演奏水平有了明显的进步，看到他自信流畅地弹奏及不断去享受舞台的喜悦，我很庆幸当时的选择。我今后会尊重孩子的想法，发现孩子的闪光点，多给予鼓励，挖掘孩子更大的潜力。

爱孩子、尊重孩子，就是接纳和理解孩子的一切行为。只有家长从内心接纳了孩子，才能真正懂得孩子，继而去引导孩子向更好的方向发展。

（二）专家引领，掌握经典理念和方法

针对孩子尤其是一年级孩子身心发展的特点以及孩子成长中的热点问题，学校多次邀请专家给家长做专题式家庭教育培训。

东莞市学校家庭教育讲师邱庆云老师，以"孩子一年级，父母应该做什么"为主题，通过生动形象的例子，引导家长理解孩子的情绪变化，教给家长正确处理孩子不良情绪的办法。培训内容贴近家庭生活，所提到的问题正是一年级父母所遇到的，让家长们深受启发。

著名学者张文质先生为我校一年级家长做主题为"给一年级学生父母的六条建议"的家庭教育培训。培训过程中，张老师反复强调父母在孩子童年时期爱的滋润对孩子后期发展的重要意义，指出父母的真情陪伴和对孩子的鼓励是爱的源泉，也是促进儿童形成完善人格的关键。张老师从自己的成长经历和家庭故事讲起，语言幽默风趣，案例故事生动而意义深刻，让家长们真正认识到家庭教育对人生的重要影响。

深圳的陈春华校长以"与孩子的天性合作"为题，向家长们支招：如何通过绘本培养孩子的学习和生活习惯；如何通过训练提高孩子的专注力。陈校长科学的训练方式，为家长们解开了疑团。

家长们在专家的指导下，学习家庭教育知识，系统掌握家庭教育的科学理念和方法，增强家庭教育本领，用正确思想、正确方法、正确行动教育和引导孩子；不断提高自身素质，重视以身作则和言传身教，时时处处给孩子做榜样，以自身健康的思想、良好的品行影响和帮助孩子养成好思想、好品格、好习惯。

（三）营造和谐的家庭氛围

阅读是一个自然的过程，亲子阅读也是如此。在亲子共读的过程中，家长和孩子在互动的基础上能够进行有效的情感沟通，形成深度的了解与接纳关系，可以让孩子既体验了阅读的快乐，又享受了家长的爱和关注，也使孩子与家长间的亲密感迅速增强。

104班霖霖爸爸在记录孩子成长的阅读感想中写道：

家中会一直营造良好的读书氛围。比如，霖霖最近手不释卷的读物为《大中华寻宝记（全册）》。这套书以动画人物第一视角的方式，生动地介绍了全国各省份的地理、历史知识和风土人情。霖霖反复翻看，已经达到了痴迷的地步。书中还特别列举了各地的特色美食，这让"吃货"霖霖难以自拔，硬是要妈妈学做西湖醋鱼、东坡肉，以满足自己"读万卷书、吃万里路"的美好愿望。又如，在我读一些经济类书籍的时候，霖霖也很喜欢凑上来问东问西，虽然听得云里雾里，但我还是会耐心讲解，权当给她一些今后理性看待外界事物的启蒙吧。

在这里我要强调一下，在亲子阅读的初始阶段，孩子对知识内容的理解和掌握不是最主要的，重点是如何养成阅读的兴趣和习惯。家长用自己的言行营造了全家一起读、大家都爱读的家庭氛围，孩子的读书习惯就会慢慢形成。

二、用共读唤醒孩子

（一）家长阅读行为对孩子阅读习惯的影响

生活中这样的情景应该不少见：家长迫切期望孩子能乖乖地坐在书桌旁看书学习，而自己恰好相反，每天总是手机不离手，工作、家务累了就躺下来玩手机，即使跟孩子出去玩，一有空也会把手机拿出来，点来点去。孩子天生就是模仿高手，会模仿家长的行动，家长的行为和习惯会无形中影响他们。

学校开展共读活动后，家长们都积极参与并努力营造家庭读书氛围。有的家长设置了安静的读书角，为孩子提供一个良好的读书环境；有的家长以严格的标准培养自己的阅读习惯，为孩子树立榜样；还有的家长做了阅读计划，风雨无阻地坚持。当父母对阅读产生了兴趣，经常性的亲子阅读，会潜移默化地影响孩子。在充满书香的家庭中，孩子自然把书当作好朋友，逐渐养成阅读的习惯，并真正喜欢上阅读。

（二）亲子阅读促进孩子情感发展

美国著名阅读研究专家吉姆·崔利斯在《朗读手册》中这样写道："你或许拥有无限的财富——一箱箱珠宝与一柜柜黄金，但你永远不会比我富有，我有一位读书给我听的妈妈。"大量研究表明，亲子阅读不仅能提高孩子的认知和审美水平，也为其以后各项学习能力的发展奠定了坚实的基础。亲子阅读，就是家长与孩子一同阅读、一起学习、一同成长。在这期间，他们可以一起分享读书的快乐，一起讨论书中的内容、书中的人物，从而在无形中增加了亲子间的沟通时间。从孩子的心理出发，他们对家长有着强烈的依赖感，喜欢与爸爸妈妈一起读书。很多时候他们并不注重读了什么书，而更多的是在享受和爸爸妈妈在一起的感觉，安全感和爱的感觉就在这样的阅读中产生了，从而使孩子具有更加平稳的情绪。

（三）阅读实践提升孩子的快乐指数

亲子活动有利于增进父母与孩子的情感交流，对孩子的身心健康成长有好处，还可以激发孩子的内在潜能、提高孩子的积极性、拓宽孩子的知识面、提升孩子的快乐指数。

在此背景下，学校运用项目学习"我爱我家"的学习单，有效地引导家庭成员的沟通交流。例如，通过安排完成《爱的承诺书》，让家长和孩子一起讨论，共同书写承诺，同按指纹，共同维护家的和谐；通过亲子绘制绘本《我家是动物园》，让家中成员交流各自的性格特点，以便在相处时学会包容、学会欣赏彼此，从而增进家庭成员之间的情感，营造温馨的家庭氛围。

又如,在"我的动物朋友"项目学习中,在阅读绘本《观察者》后,家长和孩子利用周末到野外去观察蚂蚁,一起拍照、查找资料、完成探究单。

学校一直借助阅读项目,促进亲子之间的合作和交流。而一次次的阅读实践,就是一次次的情感交流,使孩子与父母之间建立起亲密无间的关系,使孩子在浓浓的亲情中健康、快乐地成长。

三、共读润泽了教师的生命

(一)教师阅读带动家校共读

家校共读需要教师、学生和家长的共同努力。在活动中,教师起着引导的作用,除了自身阅读外,还要向家长传授一些阅读经验和方法,以提升阅读效果。在本次活动中,学校借助信息技术手段,在微信中建立共读群,每天发送阅读任务;利用打卡小程序,引导家长阅读后进行心得体会分享,做到"每日一得"。为了让共读做得更好,教师利用晚上的时间组织共读沙龙,邀请家长做分享;鼓励家长写心得体会,把打卡小程序中的只言片语写成文章;评选"书香家庭",让阅读辐射整个家庭。

新教育发起人、全国政协常委、民进中央副主席朱永新老师说:"学校管理最最灵魂、最最核心的东西就是用教师的专业发展带动学校的发展。"在共读活动中,教师的阅读直接带动了家长的阅读,带动了学校的发展。教师在家校共读中发挥了主导作用,不但积累了丰富的阅读认知,也为家长提供了更多的指导,提升了家长的阅读品质。

(二）阅读提高教师教育教学素养

"才知源海文始为，腹有诗书气自华"，教师提升素养最重要的途径就是养成良好的阅读习惯，在广泛、系统的阅读中得到文化的滋养。

首先，教师通过阅读树立积极崇高的职业观，认识教育的意义所在，构建关爱、民主、平等的学生观。其次，阅读让教师学习如何将教育理论与实践相结合，提高自身的教育管理水平，提升驾驭课堂的能力。最后，教师通过广泛阅读文学艺术作品，关注儿童读物的最新发展动态，能更好地引导学生语言能力的发展，有助于提高学生的人文素养。

教师持之以恒地有效阅读，不管是从教育还是从教学的角度来讲，对提高其素养有着直接的影响和积极的意义。教师只有成为一眼清泉，才能够为学生提供源源不断的溪流。一位教师，只有先具备了良好的专业素养，才能将古人"传道、受业、解惑"的理想化为"生动、感悟、砺行"的心灵撞击与熏陶。

（三）阅读是教师终身学习的途径

苏联教育学家马卡连柯说过："学生能原谅教师的严厉、刻板甚至吹毛求疵，但不能原谅教师的不学无术。"《庄子·逍遥游》中也有类似的记载："水之积也不厚，则其负大舟也无力。"倘若教师的知识储备不足、视野不够宽，教育教学中应用一些知识时必然会捉襟见肘、漏洞百出，更谈不上游刃有余。所以，教师要想保持闻道在先，就必须坚持在阅读中学习，通过阅读各类书籍，拓宽自己的知识面，提高教育教学技能。

为了促进教师的阅读，我校每学期均组织两期教师的读书沙龙。一是以学科为专题，搭建教师交流平台，学习教学新理念，丰富教学智慧，进行教学研讨；二是以德育教育为专题，通过读书沙龙活动，更新教育理念，通过分享解决实践中的困惑。不管是哪个主题，都形成了进取、互学的氛围，积极构建学习型教师专业成长共同体。

终身学习是当代教育的新趋势，教师通过阅读与时俱进，不断充实、提高自己，才能更好地适应当代教育，更好地教育当代的学生。

共读活动在我校虽然开展了短短两年，但参加共读的已达1200多人，有6个家庭被评为"东莞市书香家庭"。更令人欣喜的是，我们看到了孩子成长中绽放的笑脸，看到了教师、家长和孩子一起沐浴在书香中的幸福。

把书读到灵魂深处

刘丽敏

没有一个教师没对学生讲过读书的重要性,没有一个家长没对孩子讲过读书的重要性,但少有家长和教师共同带着学生把书读到灵魂深处。在我校的家校共读活动中,家长们都积极加入共读的行列,我欣喜地看到了家长的变化,更欣喜地看到了孩子的变化。下面,就来说说大家在共读活动中的变化和收获吧!

一、父母说得太多,却做得很少

多和孩子沟通,一直是我们倡导的教育方式。但是如果父母的话太多,甚至在和孩子相处的过程中,父母批评、说教的声音不绝于耳,会对孩子造成不小的伤害。

班上曾经有一位妈妈说孩子不喜欢她,尤其不喜欢听到她说话。我们建议这位妈妈有意识地录下自己和孩子的一日生活话语,听听自己每天到底说了些什么。这位妈妈和我分享了她和孩子的沟通内容。当孩子坐在餐桌上吃饭的时候,妈妈一边往孩子的碗里夹菜,一边开启了碎碎念的模式:

"吃饭好好吃,别东看看西看看的。"

"喝汤不要发出声音,不好听。"

"小心点,碗都快要摔地上了。"

"快点吃,每次就你最磨蹭。"

"妈妈教你几遍了,还不会用筷子。"

"不好好吃饭,我看你怎么长高。"

"你怎么又把饭弄到地上?说几遍了?"

"吃饭集中注意力,别玩勺子。"

"吃饭要小口吃,那么大口小心噎着,噎着了怎么办?"

……

仅仅一顿饭的工夫,妈妈就狂轰滥炸地说了这么多话。孩子本来心情很好地享用一顿晚餐,结果却变得既生气又委屈,甚至对妈妈说:"我真讨厌你!"妈妈也感到更加委屈:这样做还不都是为你好?

这件事情我们先不谈对错,只谈谈在整个过程中孩子的感受是什么样的。

于是,我们让妈妈坐在孩子的座位上,播放一下录音,然后让她体验一下孩子的感受。听完后妈妈感叹道:"我真的是一个太吵的人呀,但是我却从来没有发现。"

教育学者张文质先生特别强调:"我们经常道理讲得太多,给孩子做榜样、做具体的示范太少。"是的,父母是养育孩子的第一责任人,甚至是终身的责任人,所以,也许父母一辈子都要为孩子做示范,一辈子都有责任为自己的孩子、自己的孙子、自己家族的人做出好榜样。我们需要教育,需要激浊扬清,为孩子提供一种良好的教育氛围。

二、父母是孩子的第一任老师

从孩子接受教育的过程来看，家庭教育是一个人接受最早、时间最长、影响最深的教育，父母的一言一行、一举一动都对孩子有着耳濡目染和潜移默化的作用。而父母即便没有言语的说教，仍然能对孩子产生潜移默化的教育作用。

言传只是通过话语将知识、道理传授给孩子，这些都是比较抽象的，有些家长自己都不能做得很好，有时不仅不能让孩子信服，反而可能让孩子对家长的权威产生质疑。而身教，即是用自身的言行来引导孩子，如父母想培养孩子的阅读习惯，就自己先开始阅读，这样孩子自然会愿意去做。父母要教孩子有爱心，自己就得先有爱心。在家庭教育过程中，父母的言传身教直接影响孩子的健康成长，而"身教"二字显得更加重要。

父母或是教师要给孩子无限耐心的爱，除了对孩子身体健康给予精心的照料之外，也应该注重孩子的心理需要。《奶蜜盐》中写道："爱是什么，爱就是保护，爱就是对你两岁之前的孩子像动物一样用自己母性、父性的本能去疼爱。这个时候要放下自己所有娱乐、休闲和其他琐务，把疼爱、照顾孩子当作最大的事情。"其实，孩子最需要的就是他人的热情鼓励，我相信父母的鼓励能让孩子更为信赖自己所生活的世界，能够让他在鼓励中成长得更快、更顺利。除了鼓励，就是无限的尊重了。在每个人成长的过程中，首先要尊重的就是生命成长的自然属性。相信任何一个孩子做事情一定有他的理由，我们可以不去改变他，也不去勉强他，让他自己找到自己的优势所在。顺之则昌，逆之就成为一种"害"，所以要给他们一定的成长空间。张文质先生给我们谈了教育孩子是为人父母一生最重要的事业的三个观点：

第一，就是我们对孩子怀有一生的责任；

第二，爱孩子就是要和孩子生活在一起，和孩子生活在一起是最好、最自然的教育；

第三，教育孩子要抓住成长的关键期，要抓住孩子行为的起始处。这些做好了，孩子的成长就会比较顺利。

所以，父母在教育孩子的时候先要做好自己，才能更好地要求孩子。不过如果父母的言行不能端正，那么再严厉的规矩对孩子来说也都是虚弱无力的。这个时候常常是家长说什么都没多大用，做什么才真正管用——言传身教才是给孩子树立真正世界观、人生观、价值观的方式。

三、家庭与学校共同合作，促孩子成长

家庭教育和学校教育是相辅相成、不可分割的。采用有效的方式和家长合作教育孩子，帮助孩子健康成长，我认为可以从家校合力、共同教育做起。要知道，教育不只是教师的事，家庭教育也尤为重要。不同的家庭教育环境，会使孩子养成不同的性格和习惯，那怎样让孩子在家里也有个好的教育环境呢？这就要求班主任多与家长沟通交流，向家长介绍好的教育经验，与家长一起查找各自的教育问题和教育缺陷，共同进步。

另外，同样重要的是让家长们知道自己的孩子在学校里各方面的表现，也让家长告诉老师孩子在家的情况。

在孩子做了一件好事时，家校可共同鼓励他、表扬他、赞赏他；要是孩子做了一件错误的事情，家校可共同教育他、劝导他。这样就促进了孩子好习惯的养成，提升了孩子的是非辨别能力。不知谁说过这样一句名言：家庭是习惯的学校，父母是习惯的老师。所以，我们要通过家

校共育缔造学生的良好习惯和健康人格。

在这次共读活动中,家长和孩子们都有了不同程度的改变,家长们更是慢慢地在改变与孩子的沟通方式,慢慢地用自己的行动感染着孩子。不管怎样,教育不仅需要教师,还需要家长来共同完成。学校教育和家庭教育怎样才能更有效?这是我们应该深思的问题。

共读活动让家长和教师一起学习,一起不断地进步,一起在实践中不断总结经验,让家校合力教育更为有效,让孩子的成长更加顺利。

共读，给予我教育教学的启发

黎海银

苏联著名教育实践家和教育理论家苏霍姆林斯基说："要像对待荷叶上的露珠一样小心翼翼地保护学生幼小的心灵，晶莹透亮的露珠是美丽可爱的，但十分脆弱，一不小心就会滚落破碎，不复存在，学生的心灵，如同脆弱的露珠，需要老师的倍加呵护。"著名教育学者张文质先生在《父母改变　孩子改变》中提道："成长关键期受到冷落和忽视的孩子，进入青春期之后，往往会出现各种令你意想不到的状况，任何的改善都极端困难。而缺少关爱和鼓励的孩子也往往比较自卑，缺乏主动性。"读了这本书，我有一种"柳暗花明又一村"的感觉，它不仅教会了我如何教育自己的孩子，更让我学会教育学生的技巧。

什么是关键期？张文质先生提出，人类和其他动物一样，存在着一个成长的关键期。比如孩子的早期教育，尤其是孩子0～6岁、7～13岁这两个重要的阶段就是关键期。

一个不当或错误的行为刚刚发生时，及时地进行教育，效果最为明显。我接手这个班级不知不觉已有两年了，接手初期班级的情况不容乐观，学生的卫生意识非常差，所坐的位置上经常掉垃圾，大部分学生不会主动捡起垃圾放进垃圾桶；物品的摆放不能整齐划一，不会整理自己的物品，抽屉里的东西乱糟糟的；书包的摆放没有规范化；离开教室外出上课，桌椅不会摆放整齐。出现的这些问题得不到及时的纠正，会影响学生发展关键期良好习惯的养成,我感觉必须要做一些积极改变了。

我所教的是三年级的学生,他们大都难以自主改正自己的错误,班主任就要顺乎学生的天性,理性地对待所有问题,该宽容则宽容,该严厉则严厉,帮助学生形成规范意识。同时,也要善于挖掘学生的优点,每个学生都有一定的长处和闪光点;要善于发现学生的长项,抓住每一个教育良机,适时表扬、鼓励,培养他们的自信心、自尊心、自强心,让后进生不成为掉队的孤雁。

我相信从每一个学生身上都能找到属于他的个性发展契机,教育者要用无限的耐心抓住这样的关键期教育好学生,要以存而不论的态度,尊重学生的个性差异,以温和而严格、义正而词婉的方式管教学生。

第一,要做到善于观察,尊重学生。要获得关于学生的第一手资料,班主任就要事事留心、时时注意、处处发现。比如,在课堂上观察学生的注意状况、情绪表现、答题的正误和角度、作业的质量和速度;在课外活动中观察学生的活动能力、意志品质、个性倾向、人际关系和集体观念;在平时与家长的沟通中获知学生的日常生活表现、家长对子女的要求和教育方法;等等。

姚亚平老师从家长为孩子系鞋带这件极普通的小事,发现了独生子女教育的严重问题,可见优秀班主任应是一位优秀的观察家。他们不仅勤于观察,而且目光敏锐,能从学生的一举一动、一言一行,甚或极微小的情绪变化上,感知学生的思想和心理状态,把握偶发事件的萌芽,及时采取针对性教育和防范措施。勤于观察有助于班主任对学生质的认识。每个学生都是一个独特而复杂的个体,在不同时间、不同场合、不同事情上的表现不尽相同,班主任只有经常地、有目的地反复观察学生相同与不同的方面,才能在大量感知材料的基础上,从外部的种种表象中洞悉学生内心世界的本质,才能对学生的思想、行为给予实事求是的评价,进行"长善救失"的教育。

其次，要在班级里努力创设民主、宽松、和谐的教学氛围，使学生身心愉悦，有安全感，学生才能自由地、敏捷地去探索，迸发出创造思维的火花。要达到这种效果，首先就要尊重学生。要做他们的老师，更要做他们的朋友。师生是平等的，老师要理解学生，学生也需要老师的尊重和理解。师生之间有了初步的信任，也就为今后的教育教学奠定了良好的基础。

再次，要在关爱中改进。每个学生身上都有相应的智能优势，再差的学生也并非一无是处，关键在于教师要有一双善于发现美的眼睛和时时给予学生鼓励、关爱的敏感心灵。教师要正视学生的差异，对其缺点要严格教育；对于问题学生，要从关爱的心态出发，对他们要晓之以理，动之以情，帮助他们树立自信心和自尊心，引导他们认识错误所在、应该怎样改正，用人格力量去感化他们。小学生喜欢得到老师的表扬和鼓励，这对他们是荣誉的享受，更能增强他们的勇气和力量。

最后，要进行教师素养提升的"修炼"。耐心、细心、克制是教师教育学生最重要的品格，在平常的教育教学中，很多时候教师教育学生往往缺乏耐心和克制。学生一旦犯了错误，还没有说上几句老师就急了，严厉斥责。缺乏耐心和克制，对一些问题学生显得不耐烦，长此以往会对学生造成伤害。教师若能克制自己的情绪，和学生一道冷静地分析问题，一定会更有利于问题的解决，更有利于学生的发展。教育学生，不是想怎么样就能怎么样的，干着急没用，责怪也没用。批评、斥责，反而会冲淡学生对错误的认识；若宽容他，他反而会心怀愧疚，会极力反省并改正错误。

所有的奇迹都是耐心的结果。一个人的成长是非常缓慢的过程，教育学生哪里能够速战速决、立竿见影？耐心就是和命运拔河，在耐心中机会总是能够找到的。其实，很多改变都是在不知不觉中发生的，很多改变也要到了火候才有可能。我们总是嫌学生不断地犯错误，重复犯同样的错误而改正不了，往往会忘记他们只是一个孩子，一个需要我们不断去提醒的孩子。

阿根廷著名作家博尔赫斯曾说过一句有趣的话，世界上最神奇的事情莫过于这句话："在古代，当动物还能像人一样说话的时候……"他说这句话可以带给我们无限的想象力。要把一个学生教育好，其实也需要抓住有效教育的最佳时机去改变他，帮助他们走更恰当的路，还需要在一切刚刚发生时就给予他们及时地引导指正，耐心点、细心点，一切的美好育人目标就都有可能实现。正如张文质老师所说的："人生不是百米跑，人生是一场马拉松，起跑线上的落后不是不能改变的，更重要的竞争在于耐心、信念、健康和坚持跑下去的恒心。"

读到书中张老师归纳的八条教育戒律，我从中得到了很大的启发，也把它引申到自己的教育教学当中。比如戒律一：重视细节教育。教师教育学生一定要持之以恒，教育学生一定不能忽视细节。美国著名的小学教师罗恩·克拉克在《优秀是培养出来的》一书中就特别重视对学生的细节教育。比如，吃饭时不能含着食物说话，推门时如果后面还有人，就要为他把门，要用善意的眼睛看人等，总共有55条，都是学生成长中的生活细节。这些教育对学生的成长具有举足轻重的作用。

（附）《父母改变　孩子改变》戒律三：尊重学生，保护学生的心灵。教育最重要的是要尊重人的人格尊严，要保护学生的心灵。做不到这一点，就没有真正的教育可言。在学校，老师应该特别注意避免当众对学生进行严厉的教育，表扬学生可以当众进行，但是要批评学生时就要做到谨慎，尽可能用私下的、悄悄的、温和的方式。有智慧的老师不须对学生言辞斥责，时刻能够意识到教育学生不能追求立竿见影的效果，而是给予他们成长所必需的爱、鼓励和包容。

让生命朝着最佳状态生长

周 颖

古语有云:"子不教,父之过。教不严,师之惰。"可见,古代先贤在家庭教育和学校教育方面,已经给了今天的我们许多启发。教育如人一般,也需要两条腿走路,一条是家庭教育,一条是学校教育,缺少了哪一条,人生都会有缺憾。感谢学校积极开展的家校共读活动,不但家长以及他们的孩子在此之中获益良多,而且一线教师,尤其是像我这样尚未有为人父母经验的"新手"教师,更是受益匪浅。

一、共读,让我正视学生的不足

儿童发展心理学提醒我们,孩子反复犯错正是他成长过程中的正常表现。孩子是在不断犯错、不断失败当中获得能力的发展以及认知图式的完善的。如果父母害怕孩子失败,趋利避害,太看重功利,只能让孩子的眼界变得越来越小,从而让孩子生命发展的可能性也变得越来越单一。下面就举一个例子来说明这个问题。

小袁是我们班级的一名经常被点名的学生。这个点名是私下的批评,原因就在于他时常控制不住自己,与同学发生矛盾。例如,跟他同桌的学生总会提到他会说不文明的话,或者是因为同桌不让他抄答案而把橡皮屑丢到对方的身上。我相信在孩子的成长环境中肯定会有一些地方让他听到、学到这些不文明的话。出现以上问题时，我也会及时与他谈心。其实，道理孩子心里都明白，就是"一时兴起"，没有控制好情绪，要用这些行为来发泄自己的不满。好在小袁同学的家长对他的教育十分重视，因为父母离异，他时而跟母亲住，时而跟父亲住。可能是过于关心孩子的行为，母亲希望他在学业上有更大的进步、更好的成就，平时有些过度压制孩子的表达、限制孩子的户外活动，并且对于他的一些小错误不能容忍，因而孩子总会在学校里"释放天性"，展现他被压抑的情绪。幸而这种情绪不强烈，孩子的母亲也时常与我沟通，平时也经常学习育儿知识。

  但在紧张的教育教学工作之余，我很"害怕"听到有关小袁同学的投诉。接到有关他的投诉，我心里的第一个反应往往就是：怎么又是他？怎么他又欺负同学了？我也时常怀疑自己这种谈话式的引导是否有效用。然而，阅读到《奶蜜盐》当中的一段话时，我心里释然了："对孩子严厉、高要求，能够在短期产生一定的推动力，但是在某些孩子身上，这种严厉跟高要求也可能会使他产生畏惧感。"我认为在孩子的教育上，父母要顺其自然，根据孩子的具体情况制定相应的目标，并且要多给孩子一些鼓励，让孩子有信心一步步地迈向成功。可能小袁同学与人相处的能力发展速度相对较慢，可能他需要更多的提醒、教导和在集体中的磨炼，才能形成与同学友好相处的方式。所以，每当遇到他与同学的矛盾时，我总会多点耐心，与他分析发生矛盾的原因，引导他想想有没有更好、更友善的解决方法；再教他用语言表达出自己的不满，把不满说出来，而不是通过拳头打出来。他的不满有人分担、有人体谅，他也就慢慢淡化了用拳头解决问题的念头。虽然现在小袁同学偶尔还会有这样的行为，但较之过去已大为减少，不失为一种进步。

要学会和孩子的不足友好相处。孩子的不足除了体现在人际交往之中，还体现在孩子的性格方面。我们班有一些女生非常羞于表现自己，即便本身已经非常优秀，但就是"才美不外现"，不会主动举手回答问题。在《奶蜜盐》这本书中，张文质老师就提出，假如孩子的胆小很难改善，那就让他胆小吧，胆小也不算什么缺点。的确，从另一种视角来看，我发现胆小的孩子做事更加谨慎，不粗鲁，不容易有极端的举动，更不容易犯错误，因为他们害怕犯错误遭到别人消极的评论。总之，他们不愿惹人注意，愿意得到别人的赞同。

孩子就是孩子，让他们回到生命最原始、最本真的状态，让他们能够放心、安心地展现自己或者大胆地犯错误，家长和教师的教育才能走进他们的心里，让他们愿意接受教育、愿意朝着生命更佳的方向生长。

二、共读，让我学会改变自己

身教重于言传，教育的核心东西不是教导出来的，而是在孩子的内心自然而然产生的。就像一棵树，要先往下扎根，根扎得足够深、足够稳，树木自然就会长得枝繁叶茂。

——《奶蜜盐》

最近，我们班上的小君同学跳绳时不小心崴伤了脚，一直拄着登山杖上下学。我在班上提到小君的情况，并鼓励孩子们积极帮助她，孩子们就十分热心地搀着小君去厕所、上下楼梯。

有一天，小君上完第四节课去了一趟厕所，结果回到教室时大家已经出发了，聪明的小君怕老师和同学们在饭堂里等她，就让身边搀扶自己的一位同学先跑到队伍里向我报告情况。我听后，忙让导师带着班级先前往饭堂，自己留下来等小君慢慢赶上。等到小君后，我便和她商议要背她到饭堂，以免晚到了赶不上吃饭，小君同意了。一路上班上的孩子们都感到很惊奇，因为我带班这么久，没有抱过或者背过他们其中任何一人。那天中午以后，我惊喜地发现班上有越来越多的同学主动帮助小君：扶她上下楼、帮她做值日，就连每次课间陪她上厕所的都是不同的孩子。

中国人常说"言传身教"，我想孩子们的这些善举与善念除了他们生来"性本善"以外，大概也是那次我背小君所产生的"积极效应"——教育也可以是无声的。

三、共读，让我深知陪伴的意义

从事教师行业近4年的时间，我慢慢发现，隔代养大的孩子总是或多或少在自理能力、处理冲突能力、表达能力甚至是学习能力上，比起由父母亲自带大的孩子偏弱。"把亲子关系还原到最自然的状态，就是孩子要和爸爸妈妈生活在一起。"所以，每次在与这些孩子的家长沟通时，我总会建议父母多陪伴孩子，与孩子共同经历成长路上的喜悦和坎坷。有的家长后知后觉，迅速在家庭内部进行调整，在孩子身上付出更多的精力。在这过程中，他们也慢慢发现孩子的状态有所好转，而且他们自己也能在第一时间掌握孩子成长的动态。换言之，父母在与孩子的朝夕相伴中能够发现孩子是否有行为异常，一旦孩子出现了某种不同寻常的行为，

春泥有情 护花开
—— 东莞外国语学校家校共读活动成果集

父母就能够及时发现并解决问题，从而避免孩子受到更大的伤害。

小辰同学是我们班为数不多的一个由爷爷奶奶陪伴长大的孩子。一家三代住在一起，父母在孩子幼儿园的时候陪伴得比较少，爷爷奶奶在孩子身边的时间更多。老人家常有一颗生怕孙子受累的心，于是，孩子的一切事务都由奶奶代办。上了小学后，小辰的抽屉总是乱乱的，而且收拾书包总是需要很长时间。生活自理能力的欠缺也迁移到了小辰的学习上，他的字总会写得不够工整，上课注意力也不够集中，需要靠父母晚上回家补。经过多番沟通，小辰的父母终于意识到了隔代教育的局限性，从一年级开学后就将更多的时间放在了小辰身上，小辰的状态也一天比一天好。

可是，万圣节那天的英语课上，班上的孩子们都将礼物送给了指定的同学，放学时小辰的同桌小非的礼物却不见了，那是一条绿色的橡皮玩具蛇。小非回家后因为这件事情感到不快，家长向我反映了这件事。随后，我在班级群中发出了一条"寻物启事"，请家长和孩子们在书包里帮忙寻找这条玩具蛇。像这种东西被误拿的事情，在低年级非常常见，能找回来的概率不算高。可喜的是，小辰的爸爸首先发现玩具蛇藏在了小辰的书包里。当天晚上小辰爸爸把孩子带到了派出所的门口，告诉孩子如果这种行为继续出现，他将来很可能会在监狱里服刑。这一次的教育不可谓不严厉，但也让孩子深深记住了拿别人东西的行为是非常不正确的。正是由于亲自养育，父母及时发现了小辰的不当行为，并加以制止，避免这颗"坏种子"在孩子心里长成毒害心灵的"罂粟花"。

在这段家校共读的旅程中，我深刻体会到为人父母的责任、担当和不易。班级其实就是孩子的第二个"家"，在这个"家"里，老师就是孩子的守护者，同学就是孩子的兄弟姐妹，在这个"家"里，孩子们能从集体生活中汲取向阳生长的力量。教育，是一场修行。好的教育，是一面镜子，这面镜子可以让家长、教师不断发现自我、修正自我、发掘自我，为孩子做好表率。我愿意在这条修行之路上走得更远，去遇到一个更懂学生、更懂教育的自己。

家校共读组织策略

> 教人要从小教起。幼儿比如幼苗，培养得宜，方能发芽滋长，否则幼年受了损伤，即使不夭折，也难成材。
>
> ——陶行知

理解家庭教育的三个关键词

危菲菲

去年暑假,因学校启动家校共读活动,我有幸拜读了著名教育学者张文质老师写的《奶蜜盐》一书,受益匪浅。当拿到这本书时,我就被它的封面和特别的名字所吸引。细细看了一遍书,我被书中的观点和故事深深地感动,而且有着太多的共鸣。

通读这本书之后,首先跃入我脑海的一个关键词就是:陪伴!

张文质老师说:"孩子都不陪,爱从何说起?"陪伴是父母与孩子最自然的一种相处模式。它满足的是孩子最基本的心理需求。只有跟爸爸妈妈生活在一起,孩子才是最快乐的、最有安全感的。一旦孩子跟爸爸妈妈分离,他们就很有可能处于惶恐无助的心理状态。陪伴这项工作,是任何人都不能代替父母去做的。那些由他人代替的陪伴,虽然也是一种陪伴,但是孩子无法通过他人陪伴得到本能需求的满足,也无法产生有父母相伴那种自然而然的幸福感。

米兰·昆德拉说过,"人的一生注定扎根于生命的前十年",我们中国也有"三岁看大,七岁看老"的古话。孩子的儿童时期好比一棵小树苗,家庭教育是幼苗的根基。这个时期的家庭教育若恰到好处,就如同树根深深扎进土里。有了好的根基,幼苗在未来成长中便能吸收雨露,风雨无惧。心理学家也把安全感称为人的心理免疫系统,安全感在婴孩时期是由父母,特别是母亲给予孩子的。能够跟父母一起生活,远比我们认为的其他物质方面的给予，对孩子更重要。

我通读本书之后提炼出的第二个家庭教育关键词是：学会共情。

在剑桥词典中，empathy（移情作用；同感，共鸣）——也就是我们所说的"共情力"，解释是：能够想象自己置身于对方处境，并体会对方的感受的能力。人本主义心理学的创始人罗杰斯也曾说过："所谓的共情是指站在别人的角度考虑问题，它意味着进入他人的私人认知世界，并完全扎根于此。"有共情能力的父母，才是一个优秀的、有软实力的父母。人之所以为人，就是因为人可以与他人共情，这是人类最伟大的情感。但是，共情听起来很简单，现实中我们往往会浮于表面，并未真正共情。我发现周围大部分父母在安慰失败的孩子时，通常这样说：

"没关系的，下次加油就好了。"

"不要难过，你是最棒的！"

"不要生气，想点开心的。"

其实，这类的安慰方式被心理学家约翰·戈特曼称为情绪消除模式，是一种典型的给予同情的模式。注意：共情不是同情，更不是怜悯，而是去接纳和发掘孩子自己那个与众不同的世界，去帮助孩子更完美自在的成长。用共情心去接纳和发现孩子与众不同的世界，懂得共情的家长，更能走进孩子的内心；而懂得共情的孩子，在未来的人际关系中也能体现出更高的情商。共情程度，决定了爱的深度，也决定了孩子的高度。

我所体悟到的最后一个关键词是：智慧引导。

当父母足够多地陪伴孩子，并且能设身处地地站在孩子的角度上思考问题后，接下来就是要引导孩子，给孩子智慧的引导。教育家卢梭曾说过，世上最没用的三种教育方法就是讲道理、发脾气、刻意感动。

那么，我们在应对孩子的负面情绪时要如何讲方法、有策略地引导呢？

1. 控制自己的情绪

和语言相比,音调和面部表情等非语言信息对沟通效果的影响更大。遗憾的是,很多家长都没意识到这一点。家长总是希望用语言和道理说服孩子,却不知道,家长的大嗓门和狰狞的表情会把孩子拖进深渊。

2. 理解孩子的情绪

每个人都有被倾听、被理解的需求,即使不会说话的婴幼儿,也会有自己的情绪,身心发展还未健全的孩子更是如此。对孩子而言,理解情绪比解决问题更重要。父母在看到孩子情绪不对的时候,应该适当给予孩子表达的空间,让孩子把情绪理顺了,他才会更开心地面对自己应该做的事。

因此,父母只有尊重、平等地看待孩子和孩子的情绪问题,并且将心比心,才能完美解决孩子的情绪问题,还可以让亲子关系更进一步。

相反,如果父母总是以自我为中心,高高在上地对孩子的行为指指点点,那么渐渐地,孩子就会关闭心门,再也不轻易向父母敞开。想象一下,当孩子因为考试失利而情绪低落,甚至关在房间里大哭时,身为父母的你是如何做的?是冷冷地安慰:"不就是一次考试吗?下次考好一点就好了。"还是高高在上地讲道理:"失败是成功之母,失败不是坏事,而是好事。"再或是用转移注意力的方法:"别想考试的事儿啦,我们出去吃饭怎么样?"以上无论哪一种,都是心理学家戈特曼认为的失败的情绪安慰方式——情绪消除模式。采取情绪消除模式的父母,总是站在自己的角度对孩子的行为做出指导。

3. 帮助孩子解决问题

当然,情绪的平静并不是最终目的,我们还要抓住时机介入,帮孩子解开心中的结。我们可以引出一个发生在自己身上的类似的小故事。

比如，当孩子因为考试失败而难过哭泣，我们可以用自己的例子和孩子共情，如"妈妈小时候也有一次在一次大考中失利，情况比你还更糟糕……"然后，再告诉孩子我们自己是如何做的，如总结自己失败的原因，暗地里下苦功夫，在之后的考试中取得了很大的进步；等等。最后，我们可以在孩子稍微平静以后和孩子商量其最能接受的处理方式，如寻找薄弱科目的突破口、制订下来的学习计划等。这样一来，我们就可以把孩子从负面情绪中拉出来，教会孩子用正面的方法去应对。

总之，科学合理的陪伴、共情和引导，方能成就一个孩子。衷心希望我们每一个成年人都能在学习中助力成长中的孩子，让孩子有奶、有蜜、有盐，最终培养出有旺盛的生命力，有丰富、健康的情感，具有担当精神，致力于自我终身发展的人才。

你我同行,向育人更深处漫溯

谭 萍

"最完备的教育是学校与家庭的结合。"这是著名教育家苏霍姆林斯基的观点,他还认为:"教育的效果取决于学校和家庭教育的影响的一致性,如果没有这种一致性,那么学校的教学、教育过程就会像纸做的房子一样倒塌下来。"可见,家庭教育与学校教育就好比一个人的左右手,不可分割。

东莞外国语学校(以下简称"莞外")一直很重视家校共育对小学生品德素养的培养,重视家庭教育这一重要环节,而德育一直是我校教学的重点内容,也是学生发展的重要体现。2019年初,我校开展了家校共读——教师和家长共同对相同阅读资源展开学习的活动。活动让教师作为家校共读的设计者和参与者,用家长亲身阅读从而带动影响孩子一起进行亲子阅读的方式,将学校教育与家庭教育更好地衔接在一起。

学校为家校共读进行资源的整合、创设良好的阅读环境、提供可行的阅读方法和更多的信息支持,如成立年级家校共读实验班,各班以班主任为龙头,把学生家长组织起来,建立书籍分享微信群,开展头脑风暴,分享阅读心得,加强与家长们的沟通联系,实现线上线下的交流探讨。学校还邀请教育学者为家长、教师讲座,为大家答疑解惑。与智者为伍,让书香弥漫,为德育搭台。

春泥有情 护花开
——东莞外国语学校家校共读活动成果集

一、德育策略引领：寻觅教育路上的"点灯人"，家校共读促进自身成长

教育是一条不可逆行的单行道，在教育孩子的路上，每一次改变对于孩子幼小心灵的影响，都是深刻而长远的。家庭是人生的第一课堂，父母是孩子最好的老师。父母的一言一行都会影响到小学生，这是因为小学生正处于行为与思想的生成阶段，在这个阶段他们会不自觉地模仿家长的行为，逐渐形成习惯。这个时期父母的言传身教是最直接也最容易使他们接受的，良好的家庭氛围还能有效提升德育的效率。

学校是专业的教育场所，在学校里教师都经过系统的教育培训，具有专业的德育知识，因而对小学生的德育培养更为全面具体。家庭教育和学校教育的目的是一致的，发挥的作用是相辅相成的，只有二者相互沟通、有效配合，形成有机互动的整体，才能做好对学生的教育工作。那么，如何才能提高家长对家庭教育的认知，帮助家长树立正确的教育理念，达成与学校教育的共识呢？最有效而直接的办法就是通过家校共读家庭教育方面的相关书籍帮助家长成长和进步。通过家校共读，家庭教育和学校教育实现优势互补，共同进行小学生德育教育，极大地提升了德育教育的质量与效果。

2019年伊始，在张文质老师的引荐下，莞外小学部开启了家校共读一本书的活动。我们共读的第一本书是《奶蜜盐》，这本育儿宝典遵循儿童的年龄和心理特点，透彻地分析了不同阶段儿童的需要及父母的职责。随后，莞外老师和家长又马不停蹄地共读了张文质老师的另一本教育专著《父母改变 孩子改变》，这本书告诉我们，改变孩子要从改变父母开始，父母对孩子的责任几乎是终身性的。"行万里路，读万卷书。"读书就如同与智者对话，读书就好比心灵的旅行。家校共读如同雨露甘霖，家长不仅获取了正确的育人知识，还提升了自己的教育水平，也筑起了

一道家校沟通的桥梁,同时给孩子创造了一个读书学习的好环境和好氛围,激发了孩子读书、求索和创造的热情,家长和孩子都受益匪浅。家长的改变促使孩子改变,家长的成长促使孩子成长。孩子在与父母的相处中,耳濡目染、潜移默化地学会了怎样为人处世,养成了良好的读书习惯。可见,家校共读对孩子的影响是悄然的,更是深远的。

二、德育策略构建:开拓多种家校共读模式,丰富家校共读内容

家校共读提升小学生德育教育,需要加强家长与学校之间的合作交流。保障家长与学校之间能够及时有效地传递信息,才能够有效提升德育教育的水平。我们以书籍为桥梁,以阅读为平台,创设多种共读模式,一起架起了家校合作之路。

(一)家校共读形式一:仪式启动,齐心助力

家校共读在莞外的阶梯二室开展了一个简单而隆重的启动仪式,全体教师和各班家委会代表出席。莞外小学部的领导高度重视,邀请教育专家张文质老师进行了有力的动员讲话和教育讲座,学校给每位教师购买了一本《奶蜜盐》。每个年级推荐了三个实验班,发动班级家委的作用把书籍推向每个家庭,我们的共读就在一片美好的期待中开始了。家长朋友们积极践行"我的学习成长,就是给孩子最好的爱"的思想,通过阅读为孩子们当表率,努力提高自己的家庭教育水平。

(二)家校共读形式二:阅读打卡,陪伴长情

"一个人走路,可以走得很快;一群人走路,可以走得很远。"阅读也是如此,大家一起来读书,每天坚持读书打卡,分享读书心得,互促

互学，慢慢地养成了每日必读的习惯，学习的路就会越走越远。

发起《奶蜜盐》共读后，班里家长都进了家长共读群，班级通过学号分组，监督人进行有序的打卡分享，家长们也都以各种形式参与讨论。各班家长以小组进行阅读打卡、分享阅读心得等推动形式，每周围绕《奶蜜盐》中的一个话题进行读书分享交流：有的联系自己教育孩子的事例分享育儿心得，有的分享阅读中感触最深的一段话，有的反思自己教育孩子过程中的得与失……每一位家长的分享都真诚而实在，都承载着对孩子满满的爱！

父母要多尊重孩子的意见，而不是凡事都要求孩子顺从自己。很多时候，父母可以给孩子分析利弊，让孩子自己去选择，以及去承担自己所做的选择带来的后果。唯有如此，孩子才能学会思考，获得成长。

父母对孩子的爱，是帮助孩子去成长，而不是帮孩子一直停留在我们最喜欢的某种状态里。随着时间的推移，孩子在不同的成长阶段对父母的爱会有不同的需求，我们也要跟上孩子的成长步伐而转变爱的方式。

陪伴孩子的过程其实就是一个自我修炼的过程，正因为有了孩子，我们也逐渐变得强大。

这些语言全都来自家长的读书分享，家校共读共育就是对孩子最好的教育。

（三）家校共读形式三：听书研讨，为爱发声

文字的表达有时略显苍白，而声音的魅力有时更能激发人。为了调动大家阅读的积极性，也为了让某些忙碌的家长能坚持参与，大家利用

平时闲碎时间，如早上洗脸刷牙、中午吃饭的时候，在喜马拉雅 App 听书阅读。班主任和学习委员共同制订学习计划，带头在群内用语音的方式分享书中有感悟的地方，述说读书和教育心得。这样逐渐营造了家长共读互学的良好氛围，大家共同经历着书籍带来的喜怒哀乐，同样的心情让彼此贴得更近，也增强了学校教育和家庭教育的黏性。

（四）家校共读形式四：征文评奖，展露笑颜

阅读是一种修行，它启迪我们的智慧；阅读是一种力量，它充实了我们的生命。共读了一本书后，大家都会有太多的阅读心得，也有太多的育人感悟。

学校举行了一场共读征文比赛，其中王紫伊妈妈的《我的童年，我的孩子》获得了特等奖，我们把她的文章发表在学校的公众号上，这样就可以让更多的老师和家长借鉴学习。紫伊妈妈说道："非常有幸，在孩子二年级即将放暑假期间，我参与了莞外'家校共读'活动，我们家长与指导老师一起研读《奶蜜盐》这本书。每天一段篇章，每天一个打卡。在阅读中，细细感悟我们对孩子的养育方式，书中的每一个文字都让我感受到，父母对孩子的爱就像一盏明灯，照亮孩子的心。父母的格局有多大，就能带领孩子走多远！"

三、德育策略实施愿景：共读让家校合力更闪亮，让教育之路行走更稳健

我国著名教育家陶行知先生说过："好学是传染的，一人好学，可以

染起许多人好学。"美国的雷夫老师一直关注着阅读课程，他说："阅读不是一门科目，它是生活的基石，是所有和世界接轨的人们乐此不疲的一项活动。"爱阅读的人是善良的，更是有内涵的，而共读的学习氛围一定是可以相互传染、相互影响的。

我希望在家校共读的世界里，我们可以这样憧憬着：家校共读传递着好学向上的态度、传递着互帮互助的美好情愫、传递着合作讨论的美好行为、传递着兴趣热情的德育品质。教师博览群书、博学多才，以自己的厚德品学潜移默化地影响家长和孩子；家长全力以赴，积极主动参与家校共读学习活动，在交流读书心得中与学校增进情谊，与孩子产生阅读链接；孩子们乐于阅读，尊师重道，从书中得到快乐和幸福。让"书香"飘溢在家与校之间，让"共爱"充盈于每个人的心中；让家校合力更闪亮，让教育之路行走更稳健。为了实现这个愿景，我们做出了以下尝试和探索。

（一）采用现代信息技术提升家校共读效率

随着网络信息技术的发展，通过家校共读促进德育教育，可以积极采用现代化的信息技术手段，从而提高家校共读的效率。

当前，新媒体手段丰富，如微信、微博等。莞外每个班级都建立起微信交流群，邀请学生家长加入，在群内交流讨论共读的方法，教师与家长通过交互平台交流阅读材料、讨论阅读感受、展开阅读评价，都可以为家校共读模式的构建提供助力支持。例如，我校利用班级微信群开设"好家长阅读"专栏，每天一期，内容或长或短，定期在微信群里发送，以提升家长教育孩子的能力。内容上选择好的家庭教育故事或文章、先进的育人经验、励志类的心灵鸡汤。还可以引导教育水平高的家长在此栏目中进行评论，发表自己的观点，以家长影响家长，提高家长们的家庭教育水平。这种基于班级微信群的家校共享，使家长的教育潜能被逐渐唤醒,并将在共享中学到的经验运用到家庭教育之中。另外,学校建立微信公众号,定期在上面发表一些关于家校共读的文章,并积极宣传给学生家长。通过信息技术有效加强家长与学校之间的合作交流,提升德育工作效率。

现代信息技术使家校的沟通更为及时、便捷、高效,改变了家校共育的形式,提高了家校双方的积极性,解决了教育过程中产生的很多问题。班级微信群是家校沟通的高效平台,是家庭教育的贴身卫士和小助手。因此,学校和家长要对这一家校共育的新渠道重视起来,充分利用微信平台的优势,使家校共读迈上新的台阶,使学校教育与家庭教育更具有针对性和实效性。

(二)提供阅读方法创设家校共读环境

家校共读需要教师、学生和家长的共同努力,在共读活动中,教师是最为关键的,教师作为受过专业训练的教育工作者,需要发挥更多的引导和带领作用,教师要向学生和家长传授一些相关的阅读经验和方法,以提升阅读效率。同时,在家校共读时,学校要在阅读情境创设和阅读活动设计等方面做出创意和探索,以成功调动家长参与家校共读的积极性。

一本书的阅读,方法是比较多的,包括粗读、精读、品读、研读等。教师要先展开阅读学习,先积累丰富的阅读认知,然后再根据家长需要给出针对性引导。例如,在阅读《奶蜜盐》的过程中,文章的标题就是每一节的主题,阅读时留意一下文中粉色字体的地方,可以停下来想一想、悟一悟;教师可以引导学生家长圈点勾画,对文中有感触的句子和观点也可以进行旁批,写上自己的感受,家长可以联系自身实际理解。教师还可以通过设计阅读思考问题、布置阅读任务单、设计阅读活动等形式,促进学生家长参与家校共读活动。

教师在家校共读设计操作中发挥主导作用，可以为学生和家长提供优质服务，特别是在阅读方法、阅读训练设计等方面，能够给学生带来更多指导，提升学生阅读品质，为家校共读创设适宜的阅读环境，有效促进家校共读学习活动的顺利开展。

总之，基于家校共读的德育策略，能够有效提升小学生德育教育的效率，从而提升小学生的素质和品格，实现小学生的全方位发展。在家校共读模式中，家长与学校要思想高度统一，树立学习意识，加强合作交流，创设家校合作的方式。学校要丰富德育知识体系，将德育与学科教育结合起来。小学生德育对学生未来发展极为重要，因此家长与学校要共同努力。家校共读，使书香向更远处弥漫；家校同行，使育人向更深处漫溯……

共读：让教学更顺利的一种途径

陈少姬

"读书点亮生活，阅读丈量世界"，很多人总能在书海里找到心灵的净土，能足不出户便知天下事，能了解自己从未去过的地方的风土人情，也有人能一日无食但不可一日无书，可见"书籍是全人类的营养品"。

我教的是一年级的小朋友。对于低年级的孩子来说，调动学习兴趣最为重要，培养他们的阅读习惯更是重中之重，光靠课堂上的阅读量是远远不够的。如何在教学与增加低年级孩子的阅读量之间加以平衡，是我面临的一大难题。目前小学生的课外阅读也面临着很多问题，如学生缺少阅读兴趣怎么办、教师对学生的课外阅读检查力度如何加大，学生在完成日常学习任务之外，应该怎样进行亲子共读等。

开学以来，一年级通过阅读存折、全民阅读打卡程序、喜马拉雅App、班级漂流书等多种方法引导孩子与家长进行家校共读。例如我自己的启明星班，主要有以下方式指导家校共读。

首先，家长与孩子之间的共读。这个学期，我校小学部推行了全课程项目，而全课程推荐了很多绘本故事。这些有趣的绘本故事能极大提高小学生的阅读兴趣。因此，我借这一契机，让班级学生分别购买了一本推荐书目里面的绘本故事。最后班级开展了漂流书志愿者活动，组织全班学生在班级进行书籍漂流。学生之间有互动，回到家里会主动请家长与自己进行共读，分享自己的读后感等，一时间班上学生的阅读热情高涨。

其次，我自己对推荐书目的共读。我坚持每周阅读4～5本绘本故事，并适当地在教学当中引进全课程的绘本故事，增加课堂的趣味性。在整个学生与家长共读、教师与学生共读的推进中，我感觉自己的教学更加如鱼得水。我在学生阅读过程中引入语境，让学生更加了解课文的内容。例如，《火龙》这个绘本故事，我给孩子们讲乐于奉献的精神，他们能从火龙身上得到很多启示。

除了在语文的课堂教学中引导，我还发现班主任工作也能从亲子共读中受益无穷。例如，上个学期，我们要针对一年级的小朋友进行一次性教育的指导，让一年级的小朋友不要随意碰触别人的身体，也要保护好自己的身体等。上课前我布置他们阅读绘本故事《小威向前冲》，第二天的班会课在班上适当地引导他们：不要随意碰别人的身体，也不要让别人碰自己。如果觉得别人的碰触很不舒适、很紧张，可以像绘本故事《不要随便摸我》的主人公阿德那样，大声说出：请不要随便碰我！

课堂气氛很好，效果比老师只是在课堂上不断地说有效多了。

最后，以师生共读提高我们的创新能力。有人说：读书就是在和大师们对话。确实是这样的，多读书，特别是读一些教学方面的书，就常常会惊叹"原来还可以这样上""我怎么没想到呢"。所以，经常读书，教师在教学实践中思路会更宽，更具有创新性，这也是新课程理念所提倡的。多读教育书籍，有了更深厚的教育理论做支撑，对我们教学实践中分析教材是很有帮助的，让我们在教学过程中更加运用自如。既然新课程理念是培养有个性的学生，首先教师不能没有独特的风格，不能没有鲜明的个性。我们每个人也应具有自己的风格，前提是要多读书，从书中慢慢积累，慢慢摸索出自己的独特之处。

多种形式的师生共读和家长亲子共读促进了我的教学反思能力，使我更关注课堂细节。

多读书，在读书过程中肯定会有自己的想法，应该将这些想法及时地记录下来。对教师而言，能否以反思教学的方式化解教学中发生的教学事件，这是判别教师专业化程度的一个标志。在反思的过程中，我们的教育智慧也不断增长。因此，我们要自己勤于阅读和思考，更好地反思自己的教学。

  亲子共读推进后，我经常关注微信群里的信息，留意家长们的分享与体会，希望借此不断提升自己，让教学从中受益。自从与学生、家长共读后，我在课堂教学上总能牢牢地抓住学生的学习兴趣，提高了课堂质量。今后，我将想出更多的办法，让共读范围增大，让共读的力量助我的教学更顺利。

共读入口苦，成长回甘甜

杜佩珊

一、共读队伍初建，险遭"滑铁卢"

当得知我们班被选为家校共读第一批实验班的时候，我的心是焦虑的。繁重的学校教育工作和常规的家校沟通，已经让我这个年轻教师有些吃力……

家校共读在我的认知区域里，充满了未知元素：是组建家长会然后一起读吗？是要花周末或者下班时间做读书会吗？要每天定时打卡吗？读了有用吗？家长读的书适合老师读吗？家长会不会不理睬？日常工作都这么忙了，再加上这个活动，我是不是会吃不消？

不管怎么样，我感觉这是板上钉钉的事，必须去尝试。

作为班主任的我，在家委群提出为班级选定一个"学习部长"的时候，平时一有事情就群策群力的家委们都不说话了。原因我能猜出一二：家长们都有自己的本职工作，加上照料家庭，精力本来就每天都已消耗殆尽，阅读这件事早已成为学生时代的过去式，如果在本来已经习惯的生活节奏中，加入外界施加的阅读任务，那么无疑，共读就是一种负担。

这一次家委群里的"冷场"就像点起了烽火台却无诸侯国响应一般，让我一度以为这次的共读实验没开始就要结束了。

善良的朝翰妈妈，看出了冷清的对话框外我的尴尬，主动回应了几句，这一次冷场总算结束。朝翰妈妈是年级的家委，想必她也是比较理解班主任的难处的，所以她主动在群里对这次活动以家委的身份再阐释了一遍。

"共读其实就是我们在线上打卡，通过阅读改变我们的教育方式，达成教育的共识……"

清翼妈妈也回应了。我很激动！趁着两位家长的微弱响应，我小心翼翼地问清翼妈妈：

"请问您可以当这次班级共读的学习部长吗？"

"老师，我可以试试。"清翼妈妈过了几十秒后私信回我。

天知道我有多激动！我想着，这"苦差事"终于找到人了。

其实，当清翼妈妈在群里回应的那一刻，我就对"学习部长"人选确定这件事情有了一些把握。原因说来也简单，清翼妈妈在我们家委一次小聚时，曾向大家推荐过《奶蜜盐》这本书——正是这次家校共读的第一本书。也是那一刻，我开始感恩自己坚持组织每学期至少一次的家委茶话会，也有了一点点感悟。其实，共读会不会没有我想得那么复杂，是不是可以像组织家委茶话会一样，不定期进行交流？

家校共读算是成功踏出第一步了，万万没想到的是，更艰难的事情还在后面。

二、组织成人共读，"难于上青天"

没被选中的班级依然是我羡慕的对象，毕竟大部分人对待新生事物开始都是抵触的，我也不例外。尤其经历了开始组建共读队伍的冷场尴尬，我的信心其实没这么足。

学校的安排非常详细，几位优秀的级长也组织了不同的共读部门，推进我们的家校共读。班级共读活动也在家委的带动下开始了。本以为按部就班地进行一切就顺遂了，没想到，根本进行不下去。例如，读书打卡是这次共读的重要环节，打卡不是强制的，起初也是为了让此次的共读形成氛围，也类似于社区的作用，大家能在打卡的页面看看别人的感悟，达到交流的效果。但是，观察了一个星期，群里共40多人，也就零零星星的几个家长打过卡。后面，朝翰妈妈和清翼妈妈等几位家委也做了表率，也经常在群里"呼吁"，但是收效甚微。

我总结了家长不积极共读的几个原因：

1. 高压的生活下，大部分家长早已没有了阅读习惯；
2. 大部分家长更喜欢实践指导型的家庭教育讲座；
3. 部分家长认为书上讲得好，但不会迁移运用到自己的家庭；

其实，大家心里也清楚，成人和孩子的共读，根本不是一回事。如果用打卡激励孩子，效果还是很好的，孩子与生俱来的从众心理比大人要强。但是，当长大成人后，尤其是做了父母以后，个人的意识一定已经发展得很成熟，如果没有激发家长阅读的内需力，那么共读就不可能真正发生。

到了这一步，我不禁感叹：成人共读，"难于上青天"！

三、简短的文摘，成为共读的转折点

在共读指导团队的引领下，我们开始使用应对的策略。相信这样的问题，指导团队早已遇见不少，所以他们有所准备。这是让我最佩服的一个地方：共读的每一天，都会发送一小句"文质说"，以图片的形式，摘抄自书中，并标明页码。这句"文质说"很简短，在50~150字之间，用一分钟以内的时间就能看完，不管是家长还是老师，都不会拒绝这么简短精练的"名言"，读后还能抽取一些碎片时间咀嚼这一句话。

慢慢地，我发现有些家长开始拾起这本书，尝试着阅读打卡：梓萱妈妈、郦华妈妈、羽珊妈妈、峻熙爸爸……

但是，碎片化的阅读又怎能概括书中的所有精华呢？如果没办法让家长们真正把书读进去，始终没办法从共读的突破口来改变现有的德育生态。

四、真实的问题，方能激发共读兴趣

在共读期间，除了打卡，似乎一切如常，家长的参与感高低参半。相信忙碌的 A 同学妈妈也无暇看书。

但近期 A 同学经常出现漏做作业的现象。老师们都比较担忧。据我们的了解，小 A 妈妈对孩子的管理比较严，相信这个情况不是偶然的。我主动联系了他妈妈，没想到妈妈跟我诉苦："孩子坚决不让我检查作业，就连进房间也不许，硬是要奶奶检查。"

我猜测，奶奶的确一直照顾孩子的起居饮食，但辅导作业这个工作真不行，为何孩子这么执着呢？我一问，妈妈道出了原因："孩子有点害怕我，因为我会严格按照作业要求去检查，孩子就不能凑合写。而奶奶总是会随便看看就行，只要孙子开心就行。所以孩子就钻空子，大发脾气，让奶奶保护着他偷懒，不做作业。"

我看出来隔代教育对妈妈、对 A 同学的影响都很大。妈妈更多的是无奈："他一发脾气我就不知道怎么办了，我真要请教你"。

其实，我可以马上告诉妈妈做法，这个问题并不困难，但是处在共读中的我想到了一个新的方法，我翻开了《奶蜜盐》第 242 页，拍下来给 A 同学的妈妈看：

父母首先要对儿童成长的各种问题始终保持高度的敏感，

要随机指点……重要的是，要在孩子"第一次"犯错时候就给予他正确的教育……冷落：比如孩子因为没有达到某个目的发脾气时，采取冷漠的态度往往比正面教育更有效果……

A同学的妈妈看到我拍的图文，就回复我："老师这个方法我以前真的没用过，我都是在那里唉声叹气、左右为难，这个方法确实可以一试。"看来，她已经产生兴趣了，我顺水推舟鼓励她："如果有时间，可以把我们一起买的书拿出来看看，遇到问题的时候也可以突击'补习'一下，面对孩子的问题，会更游刃有余哟。"

我不太肯定A同学的妈妈最后是否看完了整本书，但是从后续的半年观察，从作业的质量、家长会的反馈来看，我都能感受到孩子情绪变好了，作业质量也提高了。我相信，起码，我拍下的书中两页，妈妈一定看了。我也相信，这也会成为契机——让家长主动阅读，让真实的问题推动共读。

五、阅读的力量，就是静待花开的力量

电子产品滥用，在网课过后成了各位家长最迫切解决的一个问题。强制性的禁止、没收显然对孩子不适用。没有充分的理由，孩子照样任性地取走手机、平板，恣意地打开电脑玩网游、手游。

管理电子产品的主战场在家里，管理负责人是家长。沉迷网游、手游，沉迷刷小视频的危害家长都知道，但是如何教育孩子，大部分家长的认识是不全面的，家长更多的是干着急。此时，正确的教育知识传达成为家校共读的一个关键目的。家长们像嗷嗷待哺的小燕子，等待着班主任传授一些"武林秘籍"。

谁都想孩子的坏毛病能快快改正过来，但是世界上哪有这么多"特

效药"?就此,我们借着一次线上家长会,把经验分享出来。20分钟的简单线上家长会让我们达成了共识。

我是怎么做到的呢?

是共读带给我们高效率。我们围绕"电子产品合理使用"的专题一起读了这些部分:第162页"教育权利一定要掌握在父母手中"、第193页"如何给孩子订契约"、第226页"电子产品的使用,也需要驾照"。

阅读后,我对内容做出了提炼,分析了孩子沉迷电子产品的成因以及处理方法(把握主动权、制定契约等方法),如下:

对症下药

(1)社交需求一:亲戚、朋友在玩,我也要玩。(与对方家长沟通,群策群力)(严格把控孩子的"朋友圈",让孩子的玩伴纯粹一些)

(2)社交需求二:现实中交不到好朋友,玩游戏能交到玩伴。(与孩子共情,帮助孩子找朋友,实在不善于交友,请家长多一些陪伴,让书籍成为孩子最忠诚的朋友)

(3)陪伴缺失:爸爸妈妈忙碌,缺乏陪伴,电子产品成了"电子保姆"。(父母要高质量陪伴,如户外运动、亲子共读……让孩子充分感受到父母对自己的重视,让孩子的生活充实起来)

(4)自我实现需求:学习、生活各个方面得不到外界认可,游戏里体验到强者的成就感。(多一些鼓励,多一些理解,不要对孩子有过高的要求)

把握主动权

一定要与孩子约定使用电子产品的时间、地点、场景等(建议最多允许周末孩子在父母的监督下使用2个小时以内,线上学习除外），并以书面形式写出来。孩子和父母签上姓名。

如果你的孩子因为使用电子产品的时间受到限制和监管，而对你发脾气、撒泼，请这么做：

（1）处理孩子情绪：先让他/她在独立的空间里（如书房、房间）独处，家长坐在距离孩子大概2米开外，安静地看看书，或者叠衣服，让孩子把脾气彻底发泄完。

（2）引导孩子反省：等到孩子发完脾气以后，把电子产品使用约定拿出来，让孩子复述条约，并问他："你认为自己有没有遵守约定？你认为怎么做才对？"

（3）肯定孩子的进步：最后，与孩子拥抱、和好，给他一杯热牛奶或者喜欢吃的东西，告诉他/她："我感觉你长大了，虽然你忍不住发了脾气，但是最后你还是发现了自己的问题，妈妈/爸爸为你感到自豪，你是最棒的。"（请用家庭通用的家乡话说，孩子会感到亲切）

我们是幸运的，因为这本书很集中地帮我们预知了这些问题，并给出了解决办法；教师是幸运的，教师只需与家长一起共读这几小节，家长便能快速理解班主任方法的来源；家长是幸运的，因为有这么一个平台缩短了家庭教育的学习时间，正确的方法能让自己摆脱焦虑；孩子是幸运的，他们能得到正确的、有爱的教育，在成长的道路上得到滋养。

阅读，让我们都充满了力量，在教育和被教育的路上不再迷茫、焦虑，让家长能够静待花开，让孩子能够安然成长。

我们就是从这一次家长会开始，真正走向共读……

共读开始时的坎坷，差点把我吓到退却，但是共读进行至今，摸着石头过河也算是有所收获。只要付出时间，时间总会给你反馈。共读的路上，我们还会继续加油。

家校共读，在实践中初见成效

李　艳

著名教育家陶行知先生曾说过："学校和家庭构成一体，彼此可以来往，教师不再孤立，学校也不再和社会隔膜，而能真正地通出教育的电流，碰出教育的火花，发出教育的力量。"学校教育和家庭教育，是相辅相成、不可分割的两个方面。只有家校合力、共同教育才能让孩子更好地成长。家长和教师，应该成为最好的朋友，为了孩子们，我们有着共同的目标，我们是平等的、和谐的，追求也是一致的。

五年级的教师和家长一起阅读了《奶蜜盐》和《父母改变　孩子改变》，并开展了多种形式的亲子共读，如在亲子共读群里阅读打卡、有声共读，家长进行阅读分享和交流等。同时，我们还通过参加线下专家讲座和线上直播讲座的方式，进一步提升教育理念，启迪思考。

一、家校共读，促进教师之成长

在小学教师的队伍中，有相当大一部分是年轻女教师。她们大学毕业以后，来到小学教师的工作岗位上，她们没有结婚，没有生孩子，在与孩子沟通方面，比起已成为妈妈的老师们，经验是稍有欠缺的。本次的家校共读活动，教师与家长共读《奶蜜盐》，从书籍之中汲取与孩子沟通的技巧，给予孩子成长所需的支持和养分。因为阅读，我们彼此关爱、彼此理解、彼此宽容，孩子们在家校合力的培育下，绽放出最美的花朵。

下面让我们来看看两个案例：

案例一：个别学生到了四年级，对电子产品越来越多地表现出依赖。他们在每天做完作业以后，或在周末的时候，会向父母申请玩一会儿手机，或直接让父母买一部手机，美其名曰用来学习，查询电子词典，或和同学进行沟通，但实际上也可能用来玩游戏、刷抖音和观看小视频。

教师的做法：电子产品对孩子心智、身体、大脑的发育都有不良影响，过早让孩子拥有自己的手机，而在使用前不立规矩、不加控制，孩子就会像打开了潘多拉的盒子，一发不可收拾。在四年级的这个时期，班主任会温馨提醒家长，孩子可以使用电子产品，但在使用之前，必须与家长一起订立《电子产品使用规则》。在该规则中，需要说明使用电子产品的具体时间、使用的项目，以及如果不遵守规则，孩子将要承担的责任。

家长的做法：①父母必须以身作则，减少自己的电子产品使用时间，给孩子多一点高质量的陪伴，多跟孩子沟通和交流，避免在孩子面前总是玩手机、上QQ和刷微信。②跟孩子一起，进行头脑风暴，订立《电子产品使用规则》，指导孩子正确、适度地使用电子产品。

案例二：在A班里有一位女孩，平时表现出来的性格是内向的，不擅长与同学沟通，学习成绩不是特别理想，还存在一点自卑心理。有一次上数学课时，上着上着，这个孩子突然间号啕大哭起来。

教师的做法：在课堂上哭泣的这个孩子，由于当时情绪较为激动，因此班主任私下邀请她一起交谈。经过交谈，发现该学生朋友很少，孤独感较强。在家中，父母对其要求过高，经常对她进行说教和指责，缺少真正意义上的心灵沟通。此外，该生不喜欢运动，淤积的情绪得不到发泄，因此在课堂上碰到敏感之处，情绪一触即发。知道该生情绪失控的缘由后，班主任邀请孩子父母到学校，说明了以上情况，转达了孩子的想法。

家长的做法：家长改变，孩子才能真正地改变，知道了孩子的情况以后，父母重新审视了自己对待孩子的方法和方式。①父母通过认真共读《奶蜜盐》，审视自己的做法，从对待孩子的根源上进行改变。②在说话方式上：父母与孩子相处时，多一点鼓励，多一点肯定，少一点焦虑，少一点指责，孩子更愿意倾听。③在沟通行为上：父母需要管理好自己的情绪，摒弃强势父母的做法，多与孩子进行平等的、有爱的沟通，让孩子真切感受到家庭的温暖与父母的支持，让爱、温暖和鼓励成为孩子前进的无限动力。

二、家校共读，促家庭成员共成长

陶行知先生曾经说过："好学是传染的，一人好学，可以引起许多人好学。"阅读也是如此，我们希望孩子爱上阅读、博览群书，首先家长必须以身作则，做好阅读的示范。对于家长来说，家庭教育是一个常谈常新的话题，阅读相关的书籍，找到自己行为的理论根据，剖析自己处理孩子问题的具体做法，为孩子的健康成长提供助力，显得尤为关键。在今天，家庭教育话题已成为全民关注的一个热点。《奶蜜盐》这本书把家长对孩子的爱、鼓励和帮助孩子减少对亲情和家庭的依赖，从而塑造孩子良好的品格，比作家庭教育中的"奶""蜜"和"盐"，三者缺一不可。

著名儿童教育家蒙台梭利说:"童年的问题是人一生的问题,一个人得的病,病根若是在童年,恰恰是最难医治的。"所以,本次的家校共读活动显得尤为重要,如果孩子的父母不断学习,就会更加懂得孩子的心理,更加懂得家庭教育,更加注重与孩子相处的方式方法,那么给予孩子一个幸福童年的概率将会大大提高,这种家庭教育的影响是较为深远的。

著名的心理学家阿德勒也曾说过:"幸福的人用童年治愈一生。不幸的人用一生治愈童年。"童年的生长环境,塑造了人的性格;童年的生长经历,固化了人的思维模式和无意识惯性。被爱浸润的幸福童年,更能在孩子长大以后带来更多的积极思维;哪怕后面经受了挫折,也能很快走出来。

下面来让我们来看看在家校共读过程中,教师和家长在教育孩子方面的一次实践探索:

转化"情绪暴躁"学生的实践探索

"李老师,快点来班里,亮亮又发脾气啦,他又乱踢桌子啦!"身在办公室的我,听到班长急匆匆跑来所说的话,心头一紧,猜想一定又是亮亮因为一点不顺心的事情,在班里乱发脾气。这时,我立刻起身走到教室门口,扶起地上的桌子和凳子,并捡起散落在地的书本和笔袋,一手拉起亮亮往办公室走。类似这样的情景已经不是第一次发生了。

调查之下,我发现这次事件的起因是数学课上的小组竞赛,答对问题的同学可以为本组加得1分,可是亮亮所在的小组,得分情况不太理想,位列4个小组里的第三名,因此在下课前5分钟时,他觉得获胜无望,便大发脾气,乱踢桌子和凳子来发泄。

其实,亮亮这孩子,自开学那天起,便引起了我的注意,只要事情稍微不顺心，他就会不顾时间、不顾场合地大发脾气，弄得班里人心惶惶，任课老师也都拿他没有办法。

任教 10 年，我从没碰过这样的学生。为什么他的性情那么暴躁？为什么他的情绪经常失控？他的家庭环境如何？他在幼儿园也是这样的表现吗？一连串的问题浮现在我的脑海中。

在读了《奶蜜盐》之后，作为班主任的我深知，对于这样无法调节自己情绪的学生，我们不能光看事情的表面，不能光凭自己的一己之力试图改变他，而需要联结家长，全面掌握家庭背景，具体问题具体分析，这样才能"解码"其行为背后的根源，对孩子进行心理辅导和转化。

每个问题学生的背后大都有一个问题家庭，想要转化问题学生，有效的家访是前提。我们必须走进学生的家庭去探究原因所在，只有找到根源所在，才能对症下药。

（一）第一次家校沟通：初次沟通，全面了解

接手班级之时，我都会先看看每个学生的学籍信息，了解清楚学生的家庭信息。亮亮的父母都是大学本科毕业，都在机关单位工作，爸爸还是单位里的领导。看了这些信息我发现，孩子的家长都是有一定学识与素养的。但是，光有这些基本信息还是远远不够的，我还要了解其家庭的亲子关系及教育理念等。于是，我走进了亮亮的家庭，进行了第一次家访。

走进亮亮的家里，从装修到摆设都显示出这是一个有品位、懂生活的家庭，生活条件比较优越。坐下来以后，亮亮妈妈马上说："老师，我们平时工作很忙，亮亮爸爸一直在珠海上班，每周五晚上才回家。所以周一至周五，亮亮的生活起居，基本由我和保姆阿姨负责。亮亮 3 岁以前，也是放在老家由阿姨和爷爷奶奶抚养长大的。爷爷奶奶特别溺爱他，

从来没有批评过他,导致孩子在小时候就被惯坏了,在小时候也一样,稍有不顺心就会乱发脾气。"

听到这番话,我已经基本清楚他们的家庭情况:家长平时对孩子的陪伴特别缺乏,虽然小时候就对孩子乱发脾气的现象有所察觉,但是没有认识到孩子这个缺点背后的真正原因。尽管如此,作为班主任,我还是向家长充分肯定了孩子的优点——思维敏捷、善于表达、行动力很强。

谈到缺点,我也直言不讳地向家长反映了孩子在校的表现——以个人为中心,不能为他人着想,而且纪律性比较差,缺乏对自我情绪的控制能力。我还告诉家长,既然这样,那我们现在要做的最重要的事情,并不是要求亮亮学习成绩多么优秀,而是家长要更多地进行有效的亲子陪伴,让孩子逐渐改掉不分场合乱发脾气的缺点,让孩子拥有良好的性格品行、人际关系和学习习惯。家长听后,表示十分赞同并支持,并表示会付诸行动。

(二)第二次家校沟通:深度沟通,寻找根源

首次家访结束以后,我把沟通内容记录了下来,结合亮亮的在校表现,我做了深入的分析和思考。与此同时,我每天关注亮亮的表现,并与其父母保持着密切的网络沟通,慢慢地与起家长建立起相互信任、相互合作的良好关系。

一个月以后,我进行了第二次家访。这一次,我和亮亮家长的关系比之前更加紧密了,他们也把我当成了朋友。一坐下来,我就和他们分析了导致孩子出现问题的三个原因:①缺乏安全感。亮亮在3岁以前由爷爷奶奶和保姆带大,父母不在身边。亮亮从小缺少父母的陪伴,这会导致孩子从小就特别缺乏安全感,这样的孩子更容易通过发脾气、发怒去舒缓内心的不安全感。②溺爱娇惯。3岁以前,爷爷奶奶对孩子特别溺爱,舍不得批评,对他事事迁就。因此,当亮亮与社会接触、在待人接

物中产生矛盾时，他渴望通过哭闹、发脾气，或是怪罪别人来进行发泄，以求达到自己的目的。③生活优越感。亮亮的爸爸是机关干部，周围人对这样的家庭更多的是阿谀奉承，家长也会自我感觉良好，往往看不到自己孩子身上的缺点。

找到根源以后，我和家长一起商量，如何来改变孩子的现状。经过我们的商量，达成了以下共识：①家长务必抽出更多的时间来陪伴孩子，因为陪伴才是最好的教育。任何孩子的改变，都建立在父母陪伴的基础之上，并建议父母多带孩子参加体育活动和亲子活动，在活动中重新塑造良好的亲子关系。②远离纵容和溺爱，给孩子一个有规矩、有规则的生活环境，不能事事迁就孩子。

两天后，亮亮父母拿来了一张作息时间表给我看，说特别支持我的做法，他们一定积极配合，让孩子尽早改掉乱发脾气的坏习惯。看到家长真心想要帮助孩子改变，我感到十分欣慰。

如果说父母是转化孩子的主要因素，那么同伴也是必不可少的重要因素。学生每天都和同伴一起学习和生活，同伴的榜样作用和鼓励，都会深深地影响他们。面对亮亮暴躁的脾气，我作为班主任，更应该有爱、有教育、有方法。

因此，我立即在班里宣布了一则重要消息：成立班级"爱心感恩树"。每一位学生都可以捕捉班里值得感恩的瞬间，并把这位同学的表现写在爱心便利贴上，种植到我们的成长树上去，老师会利用爱心感恩树时刻对这位同学的闪光点进行表扬。

第一天，被感谢的同学是班长悦悦和学习委员希希，因为她们责任心强。第二天，被感谢的同学是英语课代表贝贝，因为她细心、友善。

一下子，孩子们的积极性空前高涨起来，都争着表现：擦黑板、发作业、帮老师拿教具。孩子们心存友善、乐于助人，每一个孩子都逐渐找到了自己在班里的存在感和价值感。每当看到这样的情景，我不禁打心底里感到开心。有好几次，我有意把目光投向亮亮，在目光相遇的那一瞬间，我能感觉得到他的心也在蠢蠢欲动、蓄势待发。

这一天，我特地制造了机会，让生病的涵涵同学去告诉亮亮，她的身体不舒服，需要一点帮助，然后，我就开始了满心的期待。

"爱心感恩树"时间终于到了，一个别样的亮亮出现在大家面前："今天我有点不舒服，我非常感谢谢亮亮同学，他不仅主动帮我搬被子到宿舍，放学后还帮我扫地，让我早点回家休息。感谢他的乐于助人，我以后也要向他学习。"这条感谢的话语让我感到特别欣慰。这个时候，我把目光投向亮亮，他腼腆地笑了，似乎有点不好意思。

亮亮的改变离不开同伴的肯定与激励。是啊，依靠学生自身的积极因素，去调动学生自我教育的积极性，去克服消极因素，培养起学生自身的存在感和成就感，比起老师一味地批评、说教，要来得更加有效。利用集体的力量去影响、去感化个体，似乎又比我一个人孤军奋战要来得更加轻松！

三、学科联动，全员合育

面对问题学生，班主任仅凭一己之力，是很难解决问题的。我们要转变工作方式，使各学科教师形成合力，充分发挥团队的育人潜力。

亮亮在课堂上因为一丁点事情便乱发脾气，影响到全班上课的情况，始终困扰着各科任课老师。在课堂上，当任课老师无法平息这种"突发事件"时，我就成了救火队员。可这只是一时的解决办法，并非长久之计，该怎么办呢？

首先，我利用课余时间，召集了我们班所有的任课老师，听他们反映亮亮近来的课堂表现。其次，针对孩子的特点，我成立了一个"行动小组"，秉承"接纳、关爱、智慧"的教育理念，共同设计了一个"行为习惯关注表"和评价机制，教育有了统一性和持续性，对改善亮亮的课堂表现有很好的促进作用。最后，我们每周五会集中一次，对本周亮亮的表现进行跟踪和研究，在行动中不断摸索和探讨对其行之有效的具体做法。

一个学年过去了，在各科任课老师的共同努力下，亮亮在课堂上发脾气的行为虽然时有出现，但是频率远比以前降低了很多，由以前的每天好几次发脾气，降低为一个星期一两次。据父母反映，在家时，他的学习习惯、生活习惯也有了明显的进步，偶尔还会帮忙做一些家务活，如晾衣服、洗碗等。这样一来，各科任课老师在学生心中的威信也增强了，处理事情的能力得到明显提升。此外，各科任课老师参与班级管理的积极性被充分调动起来，形成了学科合育的团队精神，这种力量对转化问题学生起到了良好的作用，也将更好地服务于每一位学生。

因为共读同一本书，家长、孩子和教师的心灵走得更近了！因为共读同一本书，家长和教师触碰出了知识的火花，实现了孩子的完美蜕变！因为共读同一本书，家长和教师在疑惑、彷徨之时，找到了行动的方向，看到了孩子进步的潜力！感谢家校共读，它让我们拥有了快乐的力量！感谢家校共读，它让我们拥有了强大的支持！感谢家校共读，它让教师和家长之间逐步建立起沟通的桥梁，同频共振的声音更容易被听见、被理解。

家校共读故事

家庭和睦是人生最快乐的事。

——歌德

共读后发生的小故事

何慧敏

犹记得三年前刚毕业的时候我暗自立下的一个决心——坚持每晚阅读,并每天坚持写感想。在坚持一段时间后,这份决心开始变了,变得没那么坚定了,到最后就没有再坚持了。工作两年后,恰好有一个机会,当了班主任,让我从不同角度认识到"教师"的含义。这个角色既需要用灵活的方式处理学生的困难和情绪问题,更需要用智慧、能力去平衡学校和家长的关系。我是一名新班主任,处理人际关系恰好是我的弱项,如何才能胜任这个工作呢?除了平时多请教有经验的班主任外,学校恰好提供了家校共读的机会。

在共读中,我学习到了许多实用的方法和沟通技巧,真正感受到"识惠班主任"。

一、幸运小纸条

记得有一次上课的时候,一个小男孩没有举手,非常慌张地跑到我前面。我们把他称为小 A。小 A 的手里攥着一张纸条,表情非常紧张和害怕,他把纸条递给我,我打开一看,里面写着:"打开的人会有不好的运气。"他非常害怕地说:"老师,有个女生传过来的,我打开了它,我是不是会有不好的运气?怎么办？"因为当时在上课，我只是简单地安慰了他一下："这个是假的，不会带来坏运气的。"虽然当时小A稍稍平静了下来，但是很明显他还是闷闷不乐。下课铃响了，接下来是课间操，我匆匆回到办公室放下书本，准备带操，突然想起小A那不安的眼神，我灵机一动：何不有样学样？于是我拿出了一张纸，在上面写上：打开的人会有好运气，所有不好的运气都会消失。在做操之前我将纸拿给了小A，他打开后，阴霾从他脸上散开了，他露出了灿烂的笑容。

这件事我很快忘记了，但到了晚上，我突然收到一条信息，是来自小A妈妈的："何老师，您好。今天我发现小A手里攥着一张小纸条紧紧不放。得知原因后，我特别感谢您。小A一直是一个胆小、敏感的孩子，他对孩子之间玩耍的'诅咒纸条'非常介意且会信以为真。我也经常开导他，但是效果甚微，今天您的办法非常有效，小A一天都拥有好心情。非常感谢您！"

收到家长的信息后，我非常开心，不仅妥善处理了学生的情绪问题，而且得到了家长的认可，对于新班主任而言，这多么可贵。面对同一件事情，可能很多教师会像我开始那样处理，安慰小A，告诉他这不是真的。但在孩子的世界里，这"诅咒纸条"好比收到绑匪的撕票信息那般恐怖、难过，因此教师也要重视安抚孩子的情绪。我们在处理这类问题的时候，可以"有样学样"。

二、妈妈，我是班上的班长

有一天，小B的妈妈发信息给我："老师，我们家小B最近在学校表现怎么样？"小B属于比较喜欢偷懒的学生，但在班上非常乐于助人。在我准备回复的时候,小B的妈妈又发了一条信息给我:"小B回家后跟我说他是班长,是真的吗?我怀疑他撒谎。"我平静地说出真实情况:"不是。孩子可能是希望得到父母的表扬,得到认可。在这个时候不要批评和漠视孩子,可以询问孩子原因,并且表扬他身上的优点,并且向孩子表达出你非常欣赏他这个优点,觉得非常自豪与骄傲。"

在《二年级的孩子》这本共读书中,家长也知道二年级的孩子自我意识能力增强,他的撒谎行为一般都是有一定的目的的,本质上他想树立一个父母心目中的完美形象。如果父母经常说希望自己的孩子像"别人家的孩子"一样,那孩子的潜意识就会希望自己可以像别人一样。但现实生活中不可能所有孩子都是"别人家的孩子",那孩子就会选择性地"自欺欺人",以此达到家长的期望。这个时候,家长应该从自身改变,正确引导孩子。

三、孩子总是喜欢玩电子产品

小C的妈妈跟我说起了一件她最近非常苦恼的事情:英语学习会用到平板电脑,因此小C每天都会拿平板学习。尽管家长已删除了所有游戏,但小C总有办法在某些软件上找到游戏,并且每次都玩好。这让她为之苦恼,想问问我该怎么办。我给她提供了几点建议:"使用电子产品如今非常普遍,完全禁止孩子使用这类产品也是不可能的,而且孩子也需要娱乐放松,与其让孩子偷偷摸摸地玩,不如让他在你的监管下玩。建议与孩子共同约定每周可以玩的时间,当然在约定过程中,还是要以父母为主导。同时,由他自己规划每天玩的时间,一周累计达到约定时间,就不能再玩了。这样一来可以让孩子认为这是自己定下的约定，必须遵守，二来也可以让孩子初步感知时间规划的重要性。"

一段时间后，小C家长在家长会上发言，说当初给他提供的方法非常有效，不仅可以控制孩子玩电子产品的时间，而且可以让孩子管理好自己的时间。

四、孩子学习态度非常糟糕，怎么办？

疫情复课后的一周，有一天晚上10点多，我收到了一个家长的信息："何老师，最近小D做事情总是很拖拉，总是不按时完成作业，今晚做了两个小时都没做完。"从发信息的这个时间点上来看，家长是非常着急和焦虑的。因此，当前我的首要任务就是安抚家长的情绪。我首先询问：孩子做不完的原因是什么？究竟是不会还是不愿意做呢？在得到家长的答复后，我给出建议，共同制定学习时间和做一个错题本。紧接着最重要的一步就是要让家长明白，经历了一个特殊而漫长的寒假，孩子重返校园需要时间调整状态是非常正常的事情。如果家长这时候非常焦虑，情绪是会传递给孩子的，这样更不利于孩子状态的调整。非常幸运的是，家长接受了建议，在接下来的学习中，我能非常明显地感受到孩子的进步和改变。

在教育教学中，学生会遇到各种各样的问题，教师和家长妥善处理这些问题，帮助学生健康、快乐成长，是非常重要的。特别是班主任是学校和家长的一座桥梁，促进家校合作和沟通是非常重要的。共读书籍中，有许许多多有用的建议，让人受益匪浅，让学校和家庭一起携手前行。

共读，共爱，共进

王玉卓

古人云："读万卷书，行万里路。"阅读对孩子的成长有着非常重要的影响，开展家校共读活动让教师、家长和孩子一起阅读，不仅能让全校师生及家长以书为友，营造良好的读书氛围，激发共同的读书兴趣，也有利于创造良好的亲子沟通渠道，增进家长与孩子的情感交流。

读书妙处无穷，书香熏染人生。家长积极参与师生共读、亲子共读、家校共读这"三读"活动，在交流读书心得中加深与学校的情谊。师生读书兴味长，亲子共读美时光；自信展露真笑颜，家校合力架桥梁。"书香"飘溢在家与校之间，"共爱"充盈于每个人的心中。

读书有什么用呢？讲一个小故事吧。

一个小孩问爸爸："您天天让我读书，可我并不觉得我有长进，这有什么用呢？"爸爸将放在门后面盛放煤块的小竹篮拿起来，递给小孩说："你用这个竹篮去小河边给我打点水回来。"小孩似懂非懂地拿着脏兮兮的竹篮到河边打水，很显然，小孩尝试了很多次都是"竹篮打水一场空"。小孩失望地拿着空空的竹篮回到家里，对爸爸说："竹篮是打不到水的，爸爸。"爸爸说："那你看看竹篮有什么变化吗？"小孩子的眼睛一下子明亮了，原来竹篮已经干净了。爸爸语重心长地说："读书就像用这

春泥有情 护花开
——东莞外国语学校家校共读活动成果集

竹篮打水,可能没有打到水,但是留下了干净的篮子。你也许感觉不到读书有用,但是留下的是干净的心灵,是文化。"

什么是文化?我用作家梁晓声的一段话给大家解释:"根植于心底的修养;无须提醒的自觉;以约束为前提的自由;为他人着想的善良。"希望你能从这个故事中受到启发,与诗书相伴,成就文化人生。

没有人天生就能阅读、就爱阅读。阅读要有方法,是渐进式的。亲子共读是培养孩子阅读习惯、提高阅读兴趣的重要因素,与父母共读的亲密感,会使孩子产生安全感和信任感;丰富的阅读经验,会使孩子的语言表达能力、想象力更丰富,并且给孩子带来喜悦和满足。如何读书呢?我的建议是:"终生与书为伴,精选细读,善于利用碎片时间。"书是要选的,不能鱼龙混杂,以你的喜好为前提,精心挑选,如网游小说之类的就不适合读。不要"好读书不求甚解",要细读,对尤其喜欢的书,读上个三五遍,方能有点收获。比如,我读《红楼梦》,读了七八遍,读《平凡的世界》读了三四遍,随着年龄的增长,每一遍都有不同的感受。家长朋友们,可能会觉得生活很紧张、工作劳累,没时间去读书,学生们可能会觉得,学习压力很大,更没有时间读书。其实,只要喜欢做,总是有办法的。每个课外活动时间,我总能看到有些学生带着书,围坐在操场的草坪上,静心地读书,仿佛进入了无我境界。那是最美的风景,是你最美的样子。

家长朋友们也可以利用睡觉前的时间,每天读10分钟,日积月累就会有想象不到的效果。因为你读书了,你的孩子就读书了。你就知道怎么教育你的孩子了。其实,每个孩子都像一间空房子,你把阳光装进去,就没有了黑暗;你把书籍装进去,就没有了网络游戏;你做了孩子的榜样,他就会向你学习,就不会沉迷游戏、沉迷网络。亲子共读具有妙不可言的魅力,它能够让家长和孩子以书为媒介,以阅读为纽带,共同分享和体验各种各样的故事和情感。在父母给孩子讲绘本的一言一语中，一粒粒爱的种子也被播撒在孩子幼小的心灵上。在父母与孩子一点一滴的亲子共读过程中，亲密关系也随之建立起来并更加稳固。

张文质认为，"教育是慢的艺术"。他指出，人的成长是一个曲折的、艰难的过程，这一过程有它自己的内在规律，一点儿也勉强不得，因此教育要等待儿童的成长。亲子共读的过程实际上就是儿童与成人共成长的过程，需要有量的累积才能到达质的转变。零星的亲子共读时间难以满足儿童早期阅读的需要，足够的共读时间是保证亲子共读价值能最大限度发挥的前提。因此，要给予足够的共读时间，唯此才能在循序渐进、日积月累的"慢过程"中铸就生命的成长。龙应台曾在《亲爱的安德烈》里对自己的孩子说过这样一段话：

> 孩子，我要求你读书用功，不是因为我要你跟别人比成绩，而是因为，我希望你将来会拥有选择的权利，选择有意义、有时间的工作，而不是被迫谋生。当你的工作在你心中有意义，你就有成就感。当你的工作给你时间，不剥夺你的生活，你就有尊严。成就感和尊严，给你快乐。

是呀，孩子，未来的日子很长，请你们继续挖掘书中宝藏，汲取书中营养！读书多了，即便时间改变，不复记忆，但它带来的影响仍是潜在的，藏于你的气质里、你的谈吐上，在你的胸襟中，在你的生活和文字里。

我们持续地开展家长读书活动，希望借此以点带面，最终能让全体家长都参与进来。各班家委朋友们积极参与，每天抽出一定时间与孩子一起读书，和孩子一起成长！共读使你获得的不仅仅是知识，更有那份浓浓的亲子之爱和孩子对你的敬慕之情。

早期成长，离不开母亲"在场"

胡庆姝

当今有一个特别热门的词语——原生家庭。许多成年人，每当回想起自己的成长环境，都会感慨原生家庭给自己的人生和性格带来的巨大影响。原生家庭是一个社会学概念，是指儿女还未成婚，仍与父母生活在一起的家庭。孩子们从一出生就和自己最亲近的父亲、母亲生活在一起，从生活起居到教育传递，各方面都体现着父母的行为观念对孩子身心成长的重要影响。由此可见，孩子的成长过程非常需要父母亲共同参与进来，需要他们有智慧的教育和关怀。其中，孩子早期的成长更离不开母亲的"在场"。

一、"成长之奶"——让孩子走向独立、自信

我曾遇到过一个女孩子，她性格温和乖巧，学习成绩一直很优秀。但是她妈妈生下二胎弟弟之后，对她疏于照顾和关怀，这导致她性格大变，学习总是不在状态，甚至每当爸爸把她送到校门口，她就哭闹着不愿入校。就这样的状态，断断续续持续了半个多学期。其间，我和她的父母进行了两次深度沟通，目的就是帮助孩子修复脆弱敏感的心灵、建立自信独立的品格。

我从她父母处了解到，他们初为人父母，对大女儿的教育也是懵懵懂懂。而后自从她有了弟弟，妈妈对她的关心就越来越少，导致她在家里经常无缘无故大发脾气。即使每天有爸爸陪伴上学、放学，但她却总说："我要妈妈！我想妈妈！"她的爸爸直言："我已经每天用最多的时间陪伴她了，可是情况越来越差！"

　　我告诉孩子的父母：这就是孩子成长的关键阶段，母爱的缺失对孩子心灵造成的创伤。这种创伤如果不及时弥补，以后用其他任何感情、物质、社会地位、荣誉都无法填补。因为孩子对母亲的依恋是最为深刻、最为牢固的生命本能。她的父母听后频频点头，之前对女儿的反常行为既感到担忧又不知所措，此时有点头绪了。我继续解释，当孩子无法得到充足的母爱关怀时，她会失去安全感，变得畏手畏脚，变得敏感焦躁，这对她日后的人际关系也会产生极为严重的影响。这个时候需要母亲在照顾大宝和二宝之间找到平衡，让大女儿重新感受到坚定稳固的母爱关怀。

　　女孩的父母，特别是母亲意识到是自己的关怀缺失才导致女儿性情大变、厌倦上学，及时醒悟并且努力做出改变，帮助女儿重现阳光自信。我建议这位妈妈尽可能每天抽出一个小时陪伴大女儿一起阅读、聊天或者玩游戏，在互动中让孩子感受到母亲对她的关注，并且还要多去了解女儿的学习情况和交友情况。越是缺乏安全感的孩子，越是需要父母给予足够多的"成长之奶"——日常的陪伴与关心。母亲在这一过程中，给予的是接纳和慈爱；父亲则是平衡和责任。充分的母爱会让孩子的心灵更好地成长，适当的父爱有助于孩子完成社会化。并非坐在孩子身边看着他就叫作陪伴，陪伴是伴随着互动与交流的，唯有在积极的互动氛围中，孩子才能感受到真实的爱意。

　　通过两次深度沟通和后期追踪家访，小女孩脸上又重新洋溢着幸福安稳的笑容，而她的父母也不用着急担心她的心理成长和学习情况。给予孩子充分滋养的"奶",让他在怀抱、在爱意中快乐成长,他会最终走向独立、自信。

二、"滋养之蜜"——让儿童成为儿童

在一个家庭里,父母二人的生活和精神质量往往对孩子的一生都影响深远,因为孩子所有对世界的认知都是从父母那里开始的。日本心理学家河合隼雄也曾说:父母也存在有益和有害之分。一个精神生活丰富、家庭氛围和睦的家庭,教育出的孩子一定是自由独立、乐观积极的,是具有儿童最本真的色彩和品质的。所以,张教授提倡让家庭的"蜜"使儿童成为他自己,成为真实的人。

如今时代的高速发展和信息的过度传播,导致很多儿童被"成人化",他可能会经常说出一些让人感到不习惯、不舒服的成人化语言。我们知道,每个生命都有它的成长规律,一个人长得太快,也就意味着老得更快,更容易失去生命的弹性跟热情。

这一观点跟我的班级教育原则不谋而合。我时常在想,我的学生可以不那么聪明,可以不用事事争第一,但是让孩子保持童真,是我担任班主任以来管理班级、教育孩子时最注重的原则。孩子身上的纯真与善良是其有别于成年人的最重要的一个特征,我希望孩子们可以在班级里有着各种天马行空式的自由幻想,可以和同学们激动地讨论树上和草地上的小蚂蚁、小虫子,可以兴奋地和同学分享点点收获的喜悦……这些都是他们纯真生命的真实展现,而这种纯真会让人永远保持创造力。

我还记得《香草女巫》一书,主人公小香草拥有一个神奇的魔法扫帚,这让孩子们都羡慕不已。一次课间,一个男孩子急冲冲地跑过来对我说:"胡老师,你快看,我手里的雨伞就

是我的魔法扫帚，我要骑着它回家喽！""这还是一把蓝色扫帚呢！回家路上要注意安全噢！"我笑着回应他。

那一刻，我被男孩奇妙的想象和可爱的心灵打动，真希望他能永远这样保持纯真，在自己的奇妙世界畅游、成长。这个男孩可以保持自己的纯真，就是因为他在家庭、学校获得了应该拥有的爱、保护和成长。这让他可以自如、自由地生活在自己喜悦的状态里，而不需要过早、过多地去思考是否需要他人接纳与认同的问题。因为健康的家庭、学校生活，时时刻刻都充盈着接纳与认同。

哲学大师罗素有过这样的观点：在教育中教育者应该思考他想培养怎样的学生？是想让他成为一个合格的公民，还是让他成为真实自由的个人？在未来的教育之路上，真心希望我教育的学生身上能够保有童真的状态：对新事物怀有特别的好奇心；对未知的学问会积极探索；与人交往开朗直率，能成为他自己。

三、"理性之盐"——造就孩子的品格与智识

给孩子适当的"盐"，帮助孩子形成良好的品格、明白责任的意义，让他面对社会某些现实时有足够的勇气去承担，去接受属于自己的任务，从而在锤炼中成长。

为了把孩子教育成一个有担当的人，父母既应该让孩子了解父辈的辛苦，激发孩子的责任意识，同时还要放手让孩子去承担自己的责任，为自己的事情负责。这让我想到我们班的一位家长的做法。

二年级的孩子虽然相较一年级时成熟了不少，但也会忘记带作业，班上一位女孩子有一次忘记带一张很重要的回执，早

上第一节课一下课她就嚷嚷着要打电话给妈妈。我在一旁仔细听着她和妈妈的对话。

"妈妈,我的假期回执遗漏在书桌上了,你可以等下开车送过来吗?"说完,她的妈妈回应道:"宝贝,回执我签完名放在你的桌面上,那么这张纸就由你保管和负责,它是属于你的一份责任,妈妈管不了,你忘记带了就要自己承担起没有管好它的责任。你需要自己跟老师解释清楚,请求老师给你机会明天带回学校,我相信老师会同意的,好吗?"女孩听完,只好悻悻地说了一句:"那好吧,妈妈再见。"电话打完,我对女孩说:"我非常欣赏你妈妈的做法,你要对自己的东西负责,而不是让妈妈代劳,明天你带回来交给我吧!记得自己的责任自己承担!"

我们常说要把孩子教育成一个真正能"立"起来的人,而不是依附在父母身上软塌塌、娇弱的人。这个"立"说的就是他对自己的人生、对家庭与亲人、对工作和社会有责任、有担当。父母应该在孩子小的时候就鼓励他们对自己负责任,引导他们主动承担一些责任。电话里的妈妈就是如此,在女儿请求她送东西过来时,第一时间不是马上答应,而是从教育的角度出发,鼓励、教育女儿承担起属于自己的责任,培养她的责任意识。这也让我想到,在平时的教学和育人中,适当地放手,多多去培养孩子的自我责任感,对他们的成长有着至关重要的作用。

共读家庭教育经典作品,让我在班级管理、教育儿童以及家校沟通方面都有了更深的体会和感悟,并且很多理论都指引我、帮助我更好地与家长合作、助力孩子成长,我想,这或许就是共读的力量,这就是教师、家长、孩子三方在共读中收获的成长。

共读让家校沟通更顺畅

吴兴妍

一、这几种父母，你熟悉吗

班级里总会有很多"恨铁不成钢"的父母。老师一反映孩子的问题，他们就揪着他们的"笨孩子"的耳朵讲道理，认为只要讲了就一定会有效果；他们还认为"笨孩子""不打不成才"，痛了才能记忆深刻。

其实，这类父母的教育效果总是很令人失望。这样的惩罚方式对孩子来说是残酷的，孩子不但不能因此变得聪明、懂事起来，反而可能会变得更加桀骜不驯。这些孩子学会了家长对待自己的方式，在班级里变得更加暴力，令老师头疼，更令家长和同学反感。

班级里还有很多"蜜糖罐"的父母。他们对待自己的宝贝真是含在嘴里怕化了，捧在手里怕摔了！孩子说什么家长就信什么，对老师的温情提醒，他们觉得是偏见；对同学家长的投诉，他们觉得是恶意报复。总觉得老师不公平，总觉得所有错误都不在自家孩子身上。长此以往，这类孩子就变成了带刺的玫瑰，谁也不敢招惹，谁也不愿与其交朋友。

班级里也总会有一些父母是"甩手掌柜"。"尽职尽责"地把孩子往学校一丢就觉得万事大吉了，该拼事业的拼事业，该享受生活的享受生活。孩子的衣食住行＋安全＋教育由老师全包了。孩子生病了，只要能起床就得上学，这是他们的原则；在学校受伤了，要追究老师"护驾"

不利的责任；学习跟不上，是老师的关注不够，要多给"吃小灶"。这类孩子因为长期缺少父母的陪伴，变得懦弱、不自信。

  这几类父母很常见，也常常困扰着老师，老师们觉得与这些家长沟通实在是太难了！不反映学生情况，老师是不负责任；反映情况后，总是由于家长的处理方式不当，不仅不能解决问题，反而有愈演愈烈的势头。很多有经验的教师，在反映情况后会给家长一些建议，但由于一些家长根深蒂固的教育思想无法改变，老师的善意提醒最终变成了徒劳。

二、通过共读，达成共识

  真的要感谢学校的家校共读活动，感谢张文质先生的这两本书——《奶蜜盐》和《父母改变　孩子改变》，共读就像一场及时雨，拯救了水深火热中的老师，改变了父母，滋养了孩子。

  家长和老师共读一本书，交流的话题有了，教育观念也更统一了；家长与家长之间经常在共读群里讨论孩子的问题，在交流中就产生了更多的教育智慧，大家成了育儿路上的同路人，更加亲密无间了！作为班主任，我深切地感受到开展共读活动后，与家长沟通更容易了，老师的话能听进去了，老师的建议也愿意去尝试了。父母给予孩子的是一个原生家庭，其实就是孩子的"根"，"根"汲取了充足的营养，"小树苗"才会越长越精神，越长越粗壮。

  小亮是三年级的学生，是家里的小儿子，长得粗壮有力，在男孩子中是很魁梧的身量。他的爸爸妈妈文化水平不高，可是赶上了中国经济发展的好时候，凭着肯干，先发家致富起来。家里经营着一家制衣厂，外贸订单多的时候，夫妻二人就住在厂里加班加点。小亮出生后头几年都是保姆带着，吃喝不愁，要啥买啥，他也就越来越任性，甚至放肆了。小亮上了小学后，没有一点儿自制力，由于父母很少管教，他的作业乱七八糟，学习成绩更不用提。只要老师一找家长，无论是学习问题还是与同学有矛盾了，小亮爸爸对他的教育都是一顿胖揍，有时打得他遍体鳞伤。小亮本人照样学样，到了三年级就成了班级里的小霸王，一言不合就大打出手；看哪位老师不顺眼，就扰乱课堂，让老师无法上课。老师要找家长了，小亮就跪地求饶。其实，老师也不愿意找家长，看到小亮挨揍，老师心里不忍。老师多次与家长交流教育问题，最终无果。

当小亮父母遇上家校共读，开始还不以为然，后来他的爸爸无意间翻起《奶蜜盐》这本书，立刻被深深吸引了，感觉书中的每字每句都在刺痛自己。他跟我说，当他读到《奶蜜盐》时，他觉得他们给到小亮的"奶"太少了，更不用说"蜜"了。说到此处，平日里那么强势的爸爸眼里滚动着泪花。我很高兴，小亮爸爸终于开始反思自己的问题了。接下来，我把他邀请到班级共读学习群，小亮爸爸成了群里的活跃分子，经常在共读学习群里求经问道，或者分享自己运用教育方法后的教育效果和体会。一个学期过去了，小亮也在慢慢改变着，人没有那么邋遢了，看着像个有娘的孩子了；上课虽然还比较躁动，但基本上没有故意扰乱课堂了；能控制自己的情绪了，打同学的现象基本不存在，即使有那么一两个捣蛋鬼故意去招惹他，小亮也只是伸出拳头吓一吓他们。看着小亮的变化，我的心情也舒缓了很多，我再次约谈了小亮爸爸。

（节选谈话记录）

老师：小亮这个学期的变化很大，懂事了，也更和顺了。

亮爸：是呀！谢谢老师的推荐。我感觉自己读了书之后，对待孩子不再黔驴技穷了。以前没办法就只会打骂，现在书中很多实用的方法我都有用，感觉效果真是不一样了。

老师：能说说你是怎么做的吗？

亮爸：张文质老师说："爱孩子就要和孩子生活在一起。"现在无论我们有多忙，只要没有出差，我们夫妻俩都会坚持下午5点到10点陪伴孩子，他妈妈给孩子做饭，我陪儿子写作业、阅读、一起打球、讨论喜欢看的电视节目和游戏。我能感觉到，儿子是很渴望和我们在一起的。我也感受到了做父亲的责任和快乐。

老师：太好了！能说说您现在是怎样与孩子讲话的吗？

亮爸：我现在跟儿子说话真是180度大转弯。以前我总觉得在儿子面前要有父亲的威严，必须严厉，吐出来的每个字都尖酸刻薄、讽刺加批评。现在想想谁要是这样跟我讲话，我要发疯的！小亮居然忍了我这么多年。现在我跟儿子说话，赞扬和鼓励居多。比如我想要求孩子自己收拾书包，我会说："我相信你2分钟内肯定能把书包收拾好。"而不是说："看你又没有收拾书包，总也记不住。"

老师：嗯，真的有教育智慧了。看来，真的是父母改变，孩子就改变了。

亮爸：我们现在每天早上在孩子上学前和晚上睡觉前都会给儿子一个拥抱，老师您以前就跟我讲过要跟孩子有身体接触，孩子才能感受到父母的爱，有爱的孩子性格发展就不会出现太大偏差。可是，在共读之前我不怎么相信，觉得挺大个男人每天跟孩子拥抱、亲吻实在是太肉麻了，后来，发现张文质老师的书里也这样写："一个拥抱胜过千言万语，只有爱与尊重，才能使孩子终身保持对父母生命性的眷念。"试过之后，我才发现简单的一个拥抱竟然是灵丹妙药，小亮的暴躁性格确实平和了许多。

　　老师：真的很高兴看到您为孩子做出的改变。是呀！在一个温和、充满善意的家庭中成长起来的孩子，性格不会出现大问题。孩子性格与品行出现问题，责任一定在父母身上。

与小亮爸爸的谈话第一次这么顺畅、这么和谐！合格的父母不仅要正确认识到自身的责任与义务，还要不断地学习，及时纠正自己的失误，将科学的家教观念和先进的家教方法应用到家庭教育中来。父母还要把对孩子的关心爱护与严格要求、言传与身教结合起来，全面关心孩子的身心发展，帮助孩子养成高尚的思想品质和良好的道德情操。

在共读中一起成长

谷宇晴

"在今天,家庭教育话题已成为全民关注的一个特点,这是社会发展的必然,同时也表明,我们的孩子在成长过程中正面临着新的挑战——他们生活在一个情感更脆弱、问题更复杂的时代。"这是张文质老师在《奶蜜盐》序言中的一段话。当今社会教育孩子是一个十分棘手的问题。在日新月异的社会中,我们不仅要让孩子吃饱穿暖,更要让他们精神世界丰富,还要关注情绪问题,这给家庭教育带来了前所未有的冲击。很多家长会迷惑,甚至不解,明明我们小时候是很好教的啊?现在的小孩子怎么这么多问题?也太难教了吧!然后,他们开始求助老师或是专业机构,可无论哪种教育都应该排在家庭教育之后,因为家庭教育才是影响孩子一生的基础教育。

张文质老师说:在建立良好亲子关系方面,父母童年时期获得的哪些核心供应,能让他具有一种建设性的学习能力和人际能力?哪些核心供应的缺失,致使他在学习和人际交往中产生破坏性?孩子在童年时期,哪些核心供应可能直接影响他的一生?——我在这里说的"核心供应",指的就是每个人童年时期不可或缺的"奶""蜜""盐"。从这个角度来讲,家庭教育的基本矛盾,其实也是"奶""蜜""盐"的供需双方无法同频所导致的矛盾。奶、蜜、盐,是人类生活中极为常见和必不可少的三种物质。在家庭教育层面,它们又意味着什么?它们会怎样影响一个生命个体的成长？

读这本书，或许我们能找到一些答案。

一、从满足孩子的本能需求开始

一个孩子的成长不仅需要充足的物质，精神世界也需要关照。很多家长往往注重满足孩子物质上的需求却忘记了关注孩子的情感需求，这正是许多家庭教育失败的根源所在。所以，当孩子在社交、情绪方面出现问题时，父母应该关注到现象背后的原因：孩子的心灵没有得到养分。也就是说这些问题都和"成长之奶"的缺乏有关。

小A是班上学习成绩较好的学生，也很有礼貌，一直都不需要老师操心，但最近我发现了他有些变化，我并没有太在意。直到一天有学生来告诉我，他的班币（班币是班级里一种流通的货币，老师用来奖励，学生用来兑换奖品）不见了，数量还不少。本来丢东西的事情在班里不常见，我想先吓唬吓唬他们，于是我在班上说："有同学的班币不见了，希望看见的同学或捡到的同学能还给他，如果今晚还没有还，我就要调查了，到时候查出来就不愉快了。"

可能是我的话起了作用，下午丢班币的学生来找我说，有人还给他了。

我问了一句是谁，他说是小A。

我十分惊讶，没想到竟然是一贯成绩优异又不用我操心的小A，我决定先观察观察他。通过一个多礼拜的观察我发现，小A的变化很大，虽然学习成绩还是优异，但行为习惯方面有了改变，与同学相处总有不愉快，也有一些学生来和我说小A

拿了他们这样或那样的东西，而且听写时还会抄袭。看到小A的问题日益严重，我决定先了解小A家庭的基本情况。首先和他妈妈聊，得到的反馈是，小A在家比较惧怕他爸爸，对爸爸的命令绝对服从，可是爸爸工作比较忙，经常不在家。爷爷奶奶又对小A听之任之，妈妈心里有很多计划又得不到家里人的配合，导致小A经常处在情绪的敏感点，只要得不到自己想要的东西轻则闹脾气，重则大吵大嚷，妈妈也是不知从何下手。看来爸爸是家里的"绝对权威"，还是要从爸爸着手，我选择面对面谈一次。

等小A的爸爸妈妈坐下来听完小A的一些情况时，小A爸爸说："我发现小A成绩下滑严重，很多题目的答案都是抄来的，于是我就先警告了他，期末考试如果不进入班级前10名，就送他去寄宿学校。"

上学期期末小A的成绩的确十分优异，但随之而来的是情绪上的爆发，他开始与同学摩擦不断，还会偷偷拿同学的东西。

小A爸爸又说："因为我平常工作比较忙，所以我只能抓主要矛盾，他妈妈以前经常会陪孩子做作业、玩游戏，但现在妈妈工作也忙起来，我们回家都很晚了，只能检查一下作业，也做不了其他。"

妈妈也说，放假在家期间，爸爸给他买了一些练习册，他在家做时，明明会做，但他还是会找出答案来抄，而且他现在很自卑，他不认为自己长得很帅。妈妈又补充了一个细节，两个人偶尔会在孩子面前因为意见不合产生争执。

案例说到这里，渐渐清晰起来，小A的情绪问题来源于家庭，爸爸一味高压，却没有给予足够的爱和关怀。为了得到父母的表扬，看到爸爸妈妈开心的模样，维持表面的和谐，于是他想把各方面都做得优秀，把最完美的一面呈现在父母面前，他认为只有自己是完美的才会得到父母的爱，可是怎样保证完美呢？听写、作业都不相信自己的能力，要依靠答案，因为他开始产生自我怀疑；在与同学闹矛盾时，先跳出来指责别人，因为自己是完美的，不能犯错。他在想要一些东西时，不敢和父母张口，于是选择拿别人的。在这种种问题的背后，是小A不相信父母是无条件爱自己的，原因就是爱给得不够，陪伴给得不够，用张文质老师的话说就是"成长之奶"缺乏。

小A爸爸说得没错，每个孩子都有惰性。我们要严格要求，但在严格要求的同时要保证最基本的爱给得充足，这样小A在面对爸爸的严格要求时，更多的是想通过自身努力去做好而不是选取其他"捷径"。

正如张文质老师在书中写道："建构儿童早期的身体与精神健康，离不开父母爱的灌注，这是一份必须由父母亲力亲为的工作，除此之外的任何人都无法代替；这也是一份必须小心谨慎对待的工作，任意一次偶然的粗暴言行都有可能结出苦果，让孩子的成长偏离正轨。"

以"奶"为爱命名，以孩子的生命发展为出发点，以对他们人生的成全为归宿。每一对父母，尤其是母亲，要给孩子提供充足的"生命之奶"，为他一生的身心健康打底，这是每个父母都会做的平凡而常见的工作，而且是关系到一个民族发展的神圣而伟大的工作。正如美国教育家博耶说的那样："很多人都忘了，其实培养一个健康良善的孩子，就是在培育一个更为美好的国家。"

二、让孩子认识与体察"好的世界"

在一个家庭里，父母二人生活的精神质量往往会对孩子的一生产生影响，因为所有孩子对世界的认知都是从父母那里开始的。

有益的父母，通常都是那些自身精神质量高、一直处于积极状态的父母。在孩子成长过程中，他们总是用鼓励的方式去支持孩子，让孩子在探索世界的过程中处于被肯定、被打开的状态，激发出孩子的主动性以及乐观、勇于探索等品质。

有益的父母，一定善于引导孩子。例如要培养孩子的阅读习惯，那一定要从小培养，小的时候父母读给孩子听，培养他们对故事的喜爱，下一个阶段父母要领着读、带着读，再下一个阶段父母要陪伴着读，再下一个阶段父母要与孩子交流，习惯就是这样一步步去培养的，而不是一蹴而就的。真正有益的父母要有意识地去培养孩子。

相反，一些有害的父母，看不到发展中孩子的进步，只注重结果，在孩子哭闹时，只会采取简单粗暴的方式，如给他手机，给他玩具来止住哭闹，却不给孩子讲道理，告诉他，无理由的哭闹是不可以的。

我们常说，父母就是孩子可能的未来，是指父母的精神世界与生活方式，构成了孩子成长的起点，孩子从父母身上得到了什么，决定了他人生的走向。只有那些从父母身上得到了足够"蜜"的滋润的孩子，才有可能发展出最好的自我。

三、我们的人生最缺的往往是品格与智识的"盐"

每个孩子最终都会走向社会，父母能为孩子做的，除了给予孩子充足的"奶"和"蜜"之外，还要给他适当的"盐"，帮助孩子形成良好的品格，明白责任的意义，让他在面对事情的时候有自己正确的选择和看法。

以爱为营养的"奶"，给孩子充足的原动力。

甜"蜜"的情感支持，让孩子认识与体察"好的世界"。

品格和智识的"盐"，决定孩子未来的格局。

用"奶""蜜""盐"治愈一生

余 柳

第一次看到《奶蜜盐》这本书时,我对书名十分好奇,甚至觉得它有点奇怪。翻开书页,静心阅读时,我被张文质老师的家庭教育研究经验及对语言运用能力所折服——爱与安全感、生活的甜美与幸福、良好的品格和精神追求,这些因素在孩子成长为完整、快乐、幸福的人的过程中都是必不可少的,张老师将以上因素精练为"奶""蜜""盐"这简单的三个字,让人印象深刻。家长在养育孩子的过程中,能更好地对照反思:"奶""蜜""盐"是否充足而均衡?孩子身上的哪些问题可能和"奶""蜜""盐"的不充足、不均衡有关?

作为一名小学班主任,我在与孩子们打交道的过程中,也时常思考:有些孩子身上体现出来的某些问题,是否与他在家获得的"奶""蜜""盐"的不充足、不均衡有关?当发现孩子的某些行为问题难以解决时,我会建议孩子的家长认真阅读《奶蜜盐》的某些章节,也与家长一起分析孩子的行为表现及可能原因,希望能帮助家长从根源上找到解决方案。

"余老师!不好了!快来班上啊!"听到这个喊声,我就知道,小A又发脾气了。

小A是我们班的一个男生,个头很小,但攻击性很强。别人不小心碰他一下，他就觉得别人是在打他，非得狠狠地打回去，而且总是伴随着暴怒。他的行为被老师制止时，他还会紧握拳头、怒目圆瞪，不停嘟囔"我要杀了他"之类的话。

场景1：数学课上，小A与同桌小D因"三八线"问题发生冲突，小A拿起水笔，用笔尖朝着小D戳去，小D尖叫着躲开。半个月内，小A与三位同学发生了类似的冲突，幸亏三人都躲开了攻击。

场景2：在饭堂排队打饭时，一位低年级的学生不小心碰到小A，小A生气地捶打该学生的肩背，该学生哭着离开。班级里因为排队不小心碰到小A而被打的学生有不少，大家排队时都小心地绕过小A。

场景3：武术课上，小A与小C发生冲突，小A抡起拳头要打小C，老师制止。

老师："别人碰了你，让你受了一点委屈，你会怎么做啊？"

小A："我要打回他、打死他！"

老师："谁这样教你的？"

小A："我爷爷教的。"

通过这几年与小A的接触，我发现他喜欢清静、卫生的环境，对于外界的刺激非常敏感，这些刺激包括有人喧哗、触碰他的身体等。一旦他人"越线"破坏了他内心制定的"规则"，他就会变得异常暴躁，要在肉体上攻击对方。

同时，通过与小A妈妈的多次沟通我了解到：小A与爸爸、妈妈、爷爷、奶奶、妹妹同住。父母工作都非常忙。从小，小A就和奶奶住同一间房，但是妹妹一出生就和爸爸妈妈住同一间房。他感觉自己被父母忽视了，不如妹妹和父母亲密无间。生命的头三年是父母和孩子建立亲子依恋感的最好时机，也是建立孩子安全感的最关键时期，小A的幼儿时期却几乎没有与爸爸妈妈亲密相处的时光，而妹妹却能从小就与父母同住，这让他感到强烈的不公平。小A从小就经常因为打人而被投诉，父母多采取呵斥、打骂等简单粗暴的教育方式。以上几点原因加重了他的敏感不安，导致他对妈妈也不依恋、不信任，对于妈妈的教育并不接受。这不正是张老师书中提到的，缺"奶"的孩子吗？

  与此同时，小A爸爸是爷爷奶奶唯一的儿子，小A是他们唯一的孙子，爷爷奶奶因此十分溺爱小A。奶奶说小A小时候很瘦小经常被欺负，爷爷奶奶心疼，叫他"打回去"。幼儿园、小学时期家里经常接到小A打人的投诉，爷爷奶奶也并不批评、教育，认为"成长是需要时间的，等他懂事就不打人了"。爷爷奶奶的这种错误教育，影响了小A是非观的形成，导致他在这方面又缺了"盐"。

  初期我与小A妈妈沟通时，小A妈妈较为配合，表示会教育孩子，接到"投诉"多了后，小A妈妈表现出不耐烦，总说是对方孩子先招惹小A。后来，我将小A一段时间内的表现以书面形式记录下来，将小A妈妈约到教师书吧，与德育主任王老师一起与小A妈妈进行了一个多小时的诚恳交谈。我向她反映了小A在校与同学相处的细节，为她分析小A敏感、易怒性格的形成原因，并为她教育小A提供了一些具体的建议。

  当我和王主任指出小A敏感、易怒的根源是自幼和妈妈不够亲近、缺少母爱中"奶"的滋养时，小A妈妈有些哽咽。我们也建议小A妈妈给孩子加"奶"加"盐"——在家由父母全权负起教育小A的责任，尽快纠正小A被爷爷奶奶的错误教育"带偏"的是非观。

  这次约谈后，小A妈妈态度明显转变，对学校的工作也支持多了。她在小A的成长手册中写道："孩子的健康成长离不开老师、家长的正确引导，稍不注意孩子就很容易长歪。对于学习，我会加强辅导；对于生活，我会细心照料；对于人际交往，我要努力与孩子沟通。突然发觉教育好一个孩子比晋升职称还难，真的要付出许多心血。再次感激老师们的付出与陪伴！"

后来，小A妈妈确实更关心小A的各方面，也更关注孩子的心理以及母子间的沟通了。疫情宅家期间，在妈妈的用心陪伴和引导下，小A每天都主动提交作业，每次作业他都是一笔一画用心完成的。

与此同时，作为小A在学校最亲密的老师兼朋友，我也提醒着自己要给他足够而均衡的"奶"和"盐"。虽然小A的道德是非观有不正确的情况，但总的来说他还是渴望进步、渴望得到表扬的。身为小学教师，对待犯错学生不能简单粗暴地制止、呵斥，而要分析学生心理，对症下药。首先改变自己的心态，去理解、接纳他们，再通过友善、平等的沟通方式，用接纳和肯定之"奶"打动他们的心灵，从而让他们接受正确的道理。小A做错了事，我从不训斥而是耐心劝解，提醒他听课、写作业时也总说"请""谢谢"……慢慢地我发现小A的着装、抽屉总是特别整洁，上课时的坐姿也特别端正，我多次在全班学生面前表扬他这些优点，强化他的积极表现。

对于他犯的错误，我也要为他撒点"盐"：我总会请他和我私谈，如果是无伤大雅的错误，我会告诉他错在哪儿以及这次我不会惩罚他，但是事不过三，要是犯第三次就必须接受惩罚了；如果是严重的错误，我会等他情绪平复下来再与他交谈，告知他这种情况下我必须惩罚他并耐心引导他找出原因，让他学会为自己的错误行为负责。四年中，对待小A我一直采取情理结合的教育方式，虽然小A的人际交往情况在曲折中前进，期间多次反复，但已经取得很大的进步了。

另一个男孩的情况则与小A截然不同。

小F是我们班上最文静、最腼腆的男孩了，四年来，别的同学课间打闹时，他极少参与，顶多开心地与朋友聊聊天、玩玩游戏，更多的时候是安静地做手工、画画。他上课极少发言，运动场上不怎么积极，成绩也不算突出，是班级里不容易引起别人注意的孩子。然而，他的妈妈在他成长过程中给予了他足够的"奶"——妈妈明白、接纳孩子文静的性格，也了解、鼓励孩子的爱好，对孩子在学习美术方面倾注了大量心血。前段时间，小F的个人画展在学校的架空层正式开幕了，在全班同学和老师的赞叹中，他依然腼腆却又自豪地向大家介绍他的画作。我想，不管以后他走多远，不管他以后是否从事美术行业，这一刻一定会成为他学生时代美好的记忆之一，也一定会鼓舞着他继续热爱艺术、热爱生活，这一刻也是滋养他幸福、自信的"蜜"。

同时，作为他四年来的班主任，我也仿佛喝了"蜜"一样，内心充满了感动和感激。感谢多元的莞外，为每一个孩子都提供了成长、展示的空间。我们撒下一把种子，用爱的雨露去灌溉、用科学方法的阳光去照耀，总有一天，小种子都能在莞外这片土地上生根、发芽。如果那种子属于大树，那就育它撑起一片蓝天；如果那种子属于鲜花，那就教它芬芳出一个春天；如果那种子属于小草呢？那就许它增添一抹嫩绿吧，这样我们的花园才会多姿多彩。

感谢《奶蜜盐》一书，它帮助我在工作过程中梳理、分析学生行为背后的原因，从而更好地帮助孩子、帮助家长解决孩子成长中的问题，帮助孩子们用"奶""蜜""盐"充足而均衡的童年治愈一生，幸福一生。

每个年代的教育心境

吴春芳

龙应台在《目送》里说:"所谓父女母子一场,只不过意味着,你和他的缘分就是今生今世不断地在目送他的背影渐行渐远。"是啊,人的成长本质上就是自我成长。我们被父母目送着独立成长了,又开始目送自己的学生和孩子。我们要学会去认识、理解缓慢又漫长的童年。因为幸运的人一生都在被童年治愈。

追忆着自己的童年,三十而立的我猛然地发现最美的风景不在远方而在当年。我和作家白落梅一样,对故乡和童年有着深深的眷恋。在我的老家江西,七八月份的暑假是农忙时节。在层叠错落、聚散无序的群山之畔的稻田间,有乡亲和小小的我们与父母一起参与劳作的身影。烈日炎炎下,稻子在村人的悉心照料下生长至稻花开时,乡亲们面带喜色,荷锄顺着田埂穿行。割稻子的劳作最为艰辛苦累,一把瘦如弯月的禾镰,成了乡亲挥舞的兵器,手心磨出血泡,成了老茧,也无痛感。这些都是我童年的亲身经历,似火的日光和锋利的稻瓣,划得我满身伤痕。现在回想起来感觉却是那么幸福。正如老舍和莫言写故乡的文章,童年明明就是那么心酸,可回忆起来、落至笔下却是甜甜的。如今回想起田间地头躬身劳动的模样,在这四季交替的光阴里,还闪耀着别样的色彩和美丽呢!这就是我如今作为父母角色的童年故事。这样的童年经历正是张文质老师所表达的生命之"盐",这样的盐分让成长举重若轻。它让一个人变得勇敢、坚毅和有责任心，也正是这样的童年经历，让今天的我懂得努力、懂得珍惜。

作为一名小学教师，长期工作在 6～12 岁的孩子身边，我时时刻刻都在感受学生的纯真与成长，对充满童年趣味的日常自然是不甚迷恋。我非常喜欢《雨水滴答滴答，石头开满花》这本童书当中的一位人物——巧巧老师。书中的巧巧老师是县里安排去山里支教的老师，接手了学校最糟糕、最难教的一个班级。有一回，巧巧老师带领班级学生排练晚会节目。在晚会即将到来前的两个晚上，同学眼中的公主雪儿晾在家门口的、漂亮的白色布鞋被丽丽同学拿去了。当大家发现男人婆似的丽丽同学怀里揣着什么东西的时候，目光不约而同地集中到她身上，这时候巧巧老师站出来机智地解围说："大家认真排练！我们这个节目还有一点神秘感，到时候会有一位穿着白布鞋的神秘小仙女出现，大家期待吗？神秘小仙女借走白布鞋，正在秘密练习呢！"故事到这里大家一定都明白了，是巧巧老师保护了一颗小女生爱美的心，用春风化雨般的善良化解了这次教育危机。当晚的舞台上，穿着白布鞋的神秘小仙女出现了。她动作生疏、僵硬，但是跳得很认真、很专注，而且，舞蹈的编排把她衬托为主角了。同样作为一名小学教师的我热泪盈眶，发自内心地钦佩巧巧老师。

我的工作生活中又何尝没有这样的孩子。6 月份的天气总是急风骤雨，就在半个月前，一场午后的大雨阻挡了孩子们返回教室学习的脚步。令我感动的是往返在风雨中给班级同学拿伞的都是被我们称为"调皮"的孩子们。当所有孩子回到教学楼开始上第一节信息课的时候，平时在同事中沉默少言的信息课李老师给我发钉钉信息："吴老师，有几个孩子头发湿漉漉的，有没有干毛巾拿来给孩子擦擦！"收到信息，我自愧不如，马上行动，去借了一台吹风机在电脑室给孩子们吹了整整一节课，吹头发、吹衣服、吹鞋子和袜子，有一点点湿的地方都不放过。其中，有个

| 春泥有情 护花开
——东莞外国语学校家校共读活动成果集

叫政的孩子,他身上一点儿也没湿,也笑眯眯地跑过来细声地对我要求:"老师我也要吹。"我的第一反应是他缺少妈妈或女性的爱,这也符合他的成长环境:从小妈妈不在身边。所以,我就仔细认真地给他吹了一遍。张文质老师说过,健康阳光的孩子是被"蜜"浸润过的。作为教师,我们替代不了学生的父母,但有幸参与他们的童年,就应该像巧巧老师一样,把鼓励、赞赏这些甜蜜的情感支持带给学生们。

作为一名两岁七个月孩子的母亲,我每天小心翼翼,努力给到自己孩子足够的甜蜜注视。从坚持母乳喂养直到两周岁,我希望在这样两年里给他足够的安全感,建立我和他之间亲密的联结。生活中我对他的表情、动作、声音做出及时的回应。我努力爱自己的家人,更爱老公,让他感受到周身充满爱的流动能量。当孩子做得不好的时候,我总是告诉自己坚持温柔地示范,少说话不评价,带领他走向更好的场景。前段时间两岁多的他已经学会说话,孩子开始说话后就能更多地与人互动沟通了。有一天,他学会了说:"阿姨,你好!"我和奶奶在家里就教他,当我们见到熟悉的朋友的时候,见面时他就可以说这句话来打招呼了!例如,我们乘电梯时,碰到像妈妈一样的女性就可以说:"阿姨,你好!"儿子很高兴,就像我们大人学会了一项新技能一样,高兴地拍起手来、跳起来、扑向我,嘴里还不停说着"阿姨,你好!"没承想教他的当天傍晚我们抱着他出去散步,电梯里真碰上阿姨了。我给他示范并招手说:"阿姨,你好!"说完我又高兴又期待地引导他:"宝贝你也说吧!"没想到他侧着脸把头埋进了我的肩后。这时候我抱紧了他,笑着对电梯里的阿姨解释道:"那我们下次说吧。"

下到楼下,散了一会儿步,儿子要求奶奶抱他。这时候奶奶学着宝宝撒娇的口气说:"我不要抱你,刚刚在电梯里叫你喊阿姨你都不喊呢!"这么无心的一句话,我却敏感起来。思考了一会儿,我用婉转的口气跟奶奶沟通道:"面对新事物,设身处地地想想,孩子才刚刚第一次学打招呼,才刚刚学会,就算是大人也不可能马上得心应手。如果是我或者您第一次学跟人打招呼,能马上做到大方地与人互动吗?"我说我做不到,要耐心地给孩子鼓励和足够的时间,要保护好他接纳自己和接纳别人的信心。这件事慢慢来,相信多次示范和引导后他一定会的。作为母亲,我相信很多时候并不是我们的孩子没有某种能力,而是这种能力在大人不经意的话语和行为间慢慢地被消磨了,直至最后他失去了这种能力和信心,作为家长我最害怕出现这种情况。张文质老师说:孩子的早期生命状态,影响着他的一生。人实际上是需要能量激发的生命个体,人生命中几乎所有潜在的能力、美好的可能性,都是需要激发才能得到很好的展现和发展的。我希望自己,希望我的家人们能鼓励我的儿子,设身处地积极参与孩子对世界的探索,维护和帮助他有快乐幸福的体验。当快乐的体验越来越多,他的能力发展也会走向丰盈,自然而然就会激发出一种快乐幸福的能力。目前正处于他童年的起始点,我很谨慎,也告诉自己保持清醒和理智才有助于他更好地成长。

我的童年、我学生的童年、我孩子的童年,不同的年代有不同的心境。故步自封,总是拿过去来说事儿,是我们这一代家长和教师不可不警惕的现象。用未来的眼光看孩子,明确他们需要什么样的教育,我们觉醒得越早,孩子受益就越多。因为我相信经历和体验会影响一个人的性格走向,当我们有幸、有责任参与孩子们的成长经历时,不论作为哪个角色,我们能做的就是给到适合孩子们的"奶""蜜"和"盐"。重视孩子的童年经历,这是他成长的生命背景。

与大家共勉。

让教育"可蜜可盐"

黄惠珍

我是一名上岗还不到两年的教育工作者,用前辈们的话来说,这样的年轻人自信、活泼、无所畏惧,都有股初生牛犊不怕虎的拼劲。拼劲我自认为是有的,毕竟在这个年纪,没点野心就真的跟一条咸鱼没什么区别了。但没给"90后"长脸的是,我其实是一个孤僻自卑、懦弱又胆小的人,读书十余载,到如今从业两年,虽说终于能一步步变成自己理想中的"大人",但稍有磨炼,即刻被打回原形,自卑到尘埃里。我一直无法释怀的成长之"殇",在张文质老师的《奶蜜盐》一书中,居然能得到释然和治愈,想来皆因书中字字直指人心,句句在理。今天,我就冒昧地来评一评这本好书。

一、以爱为"奶":我的病根在童年

"奶"是什么?生命之源的奶,是来自母亲温暖的体液。从小生命呱呱坠地开始,这种奶水就与我们融为一体,成为生命最原始的养料,浇灌我们茁壮成长。但张文质老师认为,"奶"更深刻的意味,指的是以母亲为核心的充满温暖、充分照料的生活环境。这就说明了母亲在一个家庭中扮演的、无可替代的重要角色。确是如此,思及至如今社会上越来越多的留守儿童团体,他们的心灵成长得不到保证,有的年纪轻轻就辍学外出打工，在社会上摸爬滚打，吃尽万苦，早早学会的是如何在社会求生的技能；更有甚者则成为报复社会、伤财伤民的刑事罪犯，在大好的年纪沦为阶下囚。这都是原生家庭埋下的病根。

我的病根也在童年。幸运的是，我从小生活在一个完整的家庭，这个家庭谈不上安泰富足，却也能让我成长无忧。父亲出身农村，白手起家，在最该被爱的年纪里已经在社会上单打独斗、混战商场，见惯了生意场上的尔虞我诈，也就养成了如火的个性，回到家总是暴躁易怒。与父亲交心相知的场面，在我久远的童年记忆中几乎不存在。

父亲不是个爱喝酒的人，不像电视里的爸爸那样，醉了酒不清醒才打你。他打人，在清醒且理智的情况下打人。即使童年时光已十分久远，但衣架一起一落鞭笞在肌肤上的痛感，依旧历历在目。父亲身上总挂着一串钥匙，走起路来会哗啦哗啦地响，时间久了，一听到钥匙声响，就知道是父亲走来了。最有趣的是，每回我们姐妹几个坐在客厅，听到玄关处响起钥匙声，便会如惊弓之鸟般四处逃窜。有这么可怕吗？真有。他不似别的父亲，对待子女会悉心关怀，在你进步时能给予肯定，在挫败时能赐予鼓励。我经常会拿他跟古代的"父皇"作比较，对孩子的任何命令都是"圣旨"，不得违抗，稍有不如意，扬起衣架就是一顿收拾。

父母生的几个子女，偏偏就我是一个天性敏感多虑的人，在几个姐妹中，就属我遇事最爱钻牛角尖。儿时父亲的棍棒，打出的不是一个如他期望中优秀又出色的女儿，反而使我从小就缩头缩脑、自卑软弱。从前看过这么一段话，放在我身上挺合适：在野兽很小的时候，打它，关它，饿它；宠它，疼它，喂它。等它长大了，有力量了，可只要看见鞭子和盆子，就不敢反抗，不敢再去野外了。或许有人会说，父亲生你养你，偶尔的过度教育却让你记恨至今，未免太过忘恩负义。是的，身为一名教育工作者，常常教导学生要孝顺父母，自己却如此偏执于往事，着实不当，但这确实是父亲带给我的伤害，是万恶的棍棒教育在一个孩子心灵深处埋下的叛逆种子。

这就是我的童年、我的病根。

二、用心酿"蜜":我的学生是天鹅

童年像一场梦,梦醒了,我们就成了现在的样子。迫于工作的压力,我必须把脑袋从"龟壳"里伸出来,不能再活在过去那个胆小自卑的记忆里。我要站稳讲台,就必须洒脱自信;要教书育人,就必须一身正气。很感谢教师这个舞台,能用孩子们日复一日、年复一年的纯洁微笑救赎我的灵魂,扫去以前生活中的阴霾,也让我更加认清教育的正确方向——用心"酿蜜"。

张文质老师说:"健康阳光的孩子,是被'蜜'浸润过的。"如何浸润呢?他又做出了解答:"生命的状态如果是用鼓励、赞赏的方式打开,孩子的主动性、乐观态度、探索精神等与生俱来的生命热情,就会被释放出来。"说得多好。每一棵刚刚冒出尖来的幼苗,都带有破土冲天的韧劲与力量,都具有无限生长希望。韩愈曰:"弟子不必不如师,师不必贤于弟子。"于是,听古言,学圣贤,在从教路上,我常以此为尺,把学生当作天鹅去鼓励。

每一个孩子并非生来就是丑小鸭,丑小鸭之所以成为丑小鸭,很大原因是受世人言语的影响,说的人多了,再自信的天鹅也会怀疑自己。既然本是天鹅,又何不让他们秉承天性,昂起头颅呢?当老师退出"神坛"了,学生自然就扶摇直上了。所以,教育者应该敢于"示弱",且合理"示弱"。适当示弱不仅能给予孩子更多的动手机会,同时可以培养孩子的好奇心和自发性。如果有人来到我的教室,总是能听见黄老师在喊:

"这个我不行。"

"这些靠你们了!"

"我不会我不会,孩子你去学,你来帮我搞定。"

于是,孩子们便都会冲过来,几下便帮我把问题解决了。我常常对家长说,帮助的过程,其实就是孩子"建构"学习的过程。希望每一位孩子都能得到被需要的满足感,希望每一位家长都成为"懒惰"的黄老师。

教育者爱把学生当作"种子",因为相信把种子撒在地里,终究会开出梦一样的花。2019年12月末,我有幸跟随学校里的前辈们参加了广州番禺中学附属学校举办的"全课程"高峰论坛会。在会上,我最崇敬的李振村老师——全课程教育的创始人说了这么一句话,让我至今记忆颇深,他说:"老师最重要的使命是点燃热情,播种梦想。我们必须要给种子添足'料',让一颗种子,能破土而出,看世界!"

那就去等待吧,去赞赏吧,把温暖送给孩子、送给生命吧。

三、大胆放"盐":我的教育在路上

性格决定未来,但张文质老师把这句话解读得更透彻:"性格塑造决定孩子未来的格局。"放在教育上,就是教师的心有多大,学生的格局就有多大。明代著名思想家王阳明认为:狂者要从狂处成就他,狷者要从狷处成就他。也就是说,给予生命足够的自由度和广博度,生命会馈赠你不一样的惊喜。所以,我的教育路,需大胆放"盐"。

班上有一位孩子,看上去与正常孩子无异,但只要听他说话,你很容易就能发现他的问题。经过多次与家长了解沟通,我才知道原来孩子口腔与舌头之间的发育受到某种阻碍,导致孩子咬字不清,无法连贯地说出一句话。偏偏他又不是一个安分乖巧的孩子,特别是在学习上,常常能使家长与各科老师产生极大的无力感,无论你如何说理开导,一到上课时间,他便又两眼无神,望着窗外发呆,成绩自然不是很理想。可是没关系,我有的是耐力,也有的是时间,只要多花点时间陪伴他、关

怀他、鼓励他，再营养不良的种子都能让它开出花来！

只是等待花开是需要时间的。张文质老师告诉我们，要关注到孩子除学习外的其他优秀品质，如善良、热情、随和、助人为乐等。果不其然，孩子纵然在学习上暂时无法获得满足感，却是位极善良的人，我总能从他嘴里听到这样的话语：

"老师，今天小熙生病请假了没有来，她的值日我能帮她做吗？"

"老师，每天放学我都能看到校园里有好多垃圾，明天开始我打算自己准备塑料袋把它们都捡起来，这样我坐校车的时候就能带回家扔掉了。"

"老师，我刚才趁下课把讲台都清理干净了。"

"老师……"

国学大师钱穆先生常常勉励自己的学生："做学问的人，不要只种桃种李种春风，还应该种松种柏种永恒。"在这个孩子身上，我始终相信，原来每一个生命都会在岁月中开出自己的花，有的快，有的慢，只要静心等待，给足孩子充分施展的空间，终能欣赏到"千树万树梨花开"的美景。有一句话说得好：教知识不是最重要的，懂孩子才是最重要的。是的，教育是春风化雨、润物无声的过程，在这个"尿不湿"时代，如何培养出具有中国灵魂、世界眼光的学生，给他们一本终身持有的精神驾照，我想，我们的研究和教育还在路上。

念念不忘，必有回响。作为修行尚浅的年轻教师，我要永远敞开自己，多读书，多思考，通过读书去拓展自己的业务能力，通过读书去打开每一个幼小的心灵，通过读书去创造每一个孩子的未来，因为只有老师好好学习，孩子才能天天向上。

愿我们的生命都能成为一束光，能给孩子以光明的启示，能给世界以缕缕春光。

家校共读收获

让孩子感到家庭是世界上最幸福的地方,这是以往有涵养的大人明智的做法。这种美妙的家庭情感,在我看来,和大人赠给孩子们的那些最精致的礼物一样珍贵。

——华盛顿·欧文

实施家校共读，合力共育成长

朱晓岚

儿童是家庭的希望，更是民族的未来。然而，随着社会的快速发展和各种影响的冲击，儿童教育面临着前所未有的困难和挑战。家庭和学校比以往任何时候都更需要携手合作。著名教育学家苏霍姆林斯基说过："只有学校教育而没有家庭教育，或者只有家庭教育而无学校教育，都不能完成培养人这一极其艰巨而复杂的任务。"

的确，学生的成长如果只依靠学校，而缺失了家庭教育，学校教育便失去了支撑，孤掌难鸣；而家庭教育如果没有学校和专业人士的指导，也容易迷失方向，举步维艰。只有学校和家庭默契配合，才能取得良好的效果。因此，近年来，家校共育已成为人们日益关注的话题，越来越受到学校和家长的重视。

为了推动学校教育和家庭教育的共同发展，相互尊重、支持与信任，我校自2019年起加入了张文质"全国《奶蜜盐》共读联盟"活动，秉承"共读、共识、共育"的原则，通过家校共读，达成教育共识，实现家校共育。我校二年级的教师和家长一起阅读了《奶蜜盐》和《二年级孩子》，并开展了多种形式的亲子共读，如在亲子共读群里阅读打卡、有声共读等，进行阅读分享和交流碰撞，还通过参加线下专家讲座和线上直播讲座，进一步提升教育理念，启迪思考。

通过家校共读活动，二年级的教师经过一年的学习，也收获颇丰。

春泥有情 护花开
——东莞外国语学校家校共读活动成果集

已经成家立业、家有子女的教师通过共读，认识到自己在子女养育上的不足，边读边实践，十分受益。年轻的教师通过共读，了解了很多育儿理念和教育案例，更新了教育认知，更加理解儿童，了解不同阶段儿童心理和生理的特点，共情力也更强。因此，当学生出现问题时，教师给予学生的空间会更大，会更加深入、多角度地分析原因，和家长进行有效的沟通，从而使家校工作形成合力。这些对我们更好地进行教育教学工作起到了有力的促进作用。

一、以共读收获解决实际问题

在共读之前，老师们非常想要教育好自己的学生，但是虽然紧抓着问题，用尽了各种办法，却总是感觉效果不佳，学生的不良表现顽固得像冰山一样难以消融。面对这些顽固的行为时，老师们总感觉无力和低效。

共读之后，我们明白了可以用心理学著名的"冰山理论"来解释这一现象。"冰山理论"是精神分析学派的弗洛伊德提出的，一个人的人格就像海面上的冰山一样，露出的仅仅是意识的层面；绝大部分无意识的层面处在冰山之下，而正是潜意识决定了人的发展和行为。萨提亚女士将冰山比作人的内心，认为这个理论能帮助我们发现人的内心世界，看见人行为背后的正面动机。

我所在的年级有一位学生让老师们感到很头痛，他上课控制不住自己，经常走出位置，下课经常和同学闹矛盾，并经常因为一点小事和同学打架，很难控制自己的情绪。

在学习"冰山理论"之后，老师们运用学习的心理学知识一起共同商讨在这个孩子"坏"行为和"暴躁"情绪的背后，他的正面动机是什么？我们能够做些什么来改变这个孩子？如何洞察他的现状，包括他外在和内在的运作模式？

带着这些问题，班主任和他的家长进行了深入的沟通交流，了解孩子成长的背景：该学生由奶奶带大，奶奶对孩子比较宠爱，没有规则的约束。父亲和他交流很少，教育方式比较严格。他的妈妈工作忙，没有时间陪伴孩子的成长。这位学生上了小学后不愿意遵守规则的约束，和同伴相处时，社会情感技能的发展又相对滞后，只能通过发脾气来发泄心中的不满。

通过分析该学生的成长背景，班主任清晰地看到了这位学生行为背后的正向动机，这位学生是在用错误的行为来引起别人对他的关注，特别是家长和老师对他的理解、接纳和爱，而他愤怒的情绪是一个强烈的信号，希望家长能够陪伴他、关心他和接纳他。

班主任通过和该生家长层层剥洋葱式的交谈，把学生内心真正的需求告诉了他的父母，希望他们能够通过学习，真正地理解、陪伴和引导孩子，因为只有家长改变，孩子才能改变。孩子的家长也非常重视，通过共读，学习如何真正有效地陪伴和引导孩子。这样，孩子成长的最重要的土壤——原生家庭的环境有了改变，孩子成长中最重要的关系——亲子关系有了改善，孩子成长的底色也开始变得丰富多彩。

是家校共读，让教师在处理学生问题时不再"头痛医头，脚痛医脚"，而是抓住问题的关键，和家长一起，给出更加优化的解决方案。是家校共读，让老师和学生的关系更加和谐，真正看见孩子，发现孩子的"坏"行为背后的正面动机，有效帮助学生的成长。是家校共读，架起了家校合作的桥梁，让家校共同教育真正落到实处，让学生身心健康地成长。

二、以家校共读实现家校合力开展教育活动

共读给家长带来了巨大的思想冲击。家长们意识到爱孩子是天性，是一件简单的事，但懂得怎样爱孩子、怎样教育孩子却是一件需要终身学习的事情。家长们必须通过不断的学习来提高自己的认知水平，打破旧的思维习惯，塑造新的心智模式，才能跟上孩子成长的步伐。家长们通过阅读、反思和实践，逐渐学会以孩子的眼光看问题、看世界，真正尊重孩子、理解孩子，也更用心提供充裕的时间和空间去了解、剖析、关爱孩子，努力带给孩子良好的家庭教育。

王紫荆的妈妈在共读分享中动情地说道：

> 教育孩子是一件特别美好的事，在教育孩子的时候，如果你觉得痛苦，那么一定是你的方法错了。作为一名接受过高等教育的"80后"宝妈，在和大女儿长达8年的朝夕相处、耳鬓厮磨，外加短兵相接、斗智斗勇之后，我依然时常忍不住捶胸顿足：为人父母，真的是一场心胸和智慧的远行……
>
> 所幸，大女儿所在的班级参加了莞外家校共读活动，学校老师精心挑选了高质量的家庭教育读本，每天一早就给家长推送书中的章节和音频。我喜欢在开车上下班的路上反复听音频，在晚上陪孩子写作业的时候静静地翻看几页书本，并刷刷学校里其他共读家长的读后感言。如同孩子每天写作业一样，我也每天认真完成属于我的"家庭作业"。一段时间的坚持后，我惊奇地发现共读就像春雨一样浸入心田，慢慢抚慰了我的育儿焦虑，缓解了我的本能恐慌。在与孩子的沟通中，我渐渐少了一些执念、多了一些反思，少了一些急切、多了一些理解，少了一些蛮干、多了一些技巧……日复一日，亲子关系和家庭氛围

变得更加和谐、更加欢乐。

家长理念的转变必会带来行为的改变,我们欣喜地看到,在进行家校共读的学习后,很多家长意识到重复旧的方法,只能得到旧的结果。于是改变了旧的教育方法,更加有耐心,更加尊重孩子,更愿意想办法去引导孩子,亲子关系有了很大的改善,孩子的进步也非常明显。

202班的僖僖小朋友是一个很聪明又心地善良的孩子,也是一个急躁又好动的孩子。平时他很难安静地坐下来读书,他的爸爸说,想了各种方法来教育他,有时失去耐心而大声地训斥,甚至偶尔还会打他,但是总是一点效果都没有。

自从学校推行了家校共读活动,作为家长,僖僖爸爸也同样受到了教育,学到了教育好孩子、搞好亲子关系的方法。在实践中,他结合老师教的方法,静心仔细观察,找出僖僖对哪些事情感兴趣。功夫不负有心人,僖僖爸爸终于发现他对乐高积木、军事兴趣甚浓,也很喜欢探索太空知识,于是就去买了一些乐高积木送给他,发现他真是一个乐高天才,可以几个小时安静地玩乐高,而爸爸就在旁边看着他独立完成。这种游戏的方式,可以培养他专心的行为,改变好动的毛病,为培养他养成静心读书学习的好习惯打好基础。同时爸爸又买来《"二战"那些事》《人造卫星与火箭》等军事与太空方面的书籍,每天晚上孩子都主动去看,看完还主动同爸爸妈妈分享,将书中的内容告诉父母,有时会提出一些问题,与父母进行交流。

通过这样的日积月累,在家长的引导下他可以坐下来读教科书了。通过学校老师的教育以及家庭的配合,现在僖僖小朋友放学回来已经可以比较自觉地看书、做作业,每天早上起床早读。家长也改变了自己的态度，更温和地同他交流，引导他前进，而不是强迫他去做事。

在一年后家校共读的总结中家长感叹道："家校共读，不但改变了孩子，更是改变了家长。孩子取得了可喜的进步，亲子关系更加融洽了。"

一年的家校共读，除了让家长们收获了新的教育理念和教育方法外，最重要和最可贵的是让家长形成了平和的心态，有了放下焦虑、慢慢陪伴孩子成长的能力。

邢育铭妈妈分享了她转变对待孩子考试成绩态度的心路历程。

一年级的第一次英语单元测试，孩子一下校车就告诉妈妈，他的成绩是B⁻。那段时间因为家里老人生病住院，孩子爸爸刚好在国外出差，妈妈一个人忙上忙下，心情特别糟糕。她听完成绩后，没有忍住心中的怒火，生气地指责他怎么考得那么差。听到她的责备声，站在旁边的几个同学齐刷刷地转过头来看他们，孩子很羞愧地低下了头。妈妈事后也很后悔。

通过阅读张文质老师的书，育铭妈妈被文质老师提出的"慢慢地陪养，学会停下脚步"深深触动，她看到自己不能接纳孩子的成绩而责备他，带给孩子的伤害，而这其实是来源于自身的焦虑感和挫败感。她意识到对一个孩子来说，最害怕的不是棍棒、拳脚，而是失去面子、失去尊严。维护孩子的尊严，就能激发孩子心中那股神圣的力量，激励孩子自由、健康地发展。

现在她的孩子已进入二年级，时常也有考试不好的时候，在这个时候妈妈都会鼓励他说："你现在处于最有潜力的阶段，这次考得不好，但是相信你在下次考试中肯定是进步最大的。"

现在孩子每天回家都很愿意分享他在学校的事情，家长也很愿意聆听，也很尊重他的各种奇奇怪怪的想法。他现在每天回家都很主动地完成作业，而且从做作业的状态中可以感受到他从中找到了很多乐趣。

正如李瀚辰爸爸分享的那样："家长先给孩子足够的'奶'与'蜜'，扎牢根基，让孩子的内在滋养出强大的生命力，才能发展其个体的丰富性和独特性，才能使孩子有足够的自信与坚韧去面对生活、应对学习。所以，身为父母的我们，与其羡慕别人家的好孩子，不妨也先慢下来，育儿先育己，我们和孩子共同成长，为其注入更多的'奶''蜜''盐'。"

共读活动开展一年来，颇有成效。家长和学校在共读活动中越走越近，形成了同盟军，我们的共同目标是：把孩子培养成一个完整的人，成为最好的自己，得到更好的发展。在接下来的日子里，我们将继续开展家校共读活动，在同心、同向、共行、共育的道路上走下去。

爱的背后,是懂与尊重

杨露蓉

在家校共读中,特别是拜读了张文质老师的《奶蜜盐》后,我对家庭教育有了更深的认识,最大的感触是:当下孩子最缺的是被理解、被尊重和被感知的爱。父母如何正确地表达爱,怎样才能让孩子真正感受到爱意?我的思考如下。

一、被感知的爱意,滋养成长

养育之道,其中一个法宝就是爱孩子。正如书中所提到的:

> 爱应该回到日常生活中,用更多的时间陪伴孩子,经常向孩子表达自己的爱,坚持与孩子进行日常化的沟通与交流。父母总以为孩子那么小,对很多事情都是无知无觉的;还会以为对孩子的爱没必要表现出来,孩子心里一定会明白父母对他的爱,但实际上并不是这样的,没有表达出来的爱就不会被看见、听见和感知到。

阅读到这段话时,我心底有一根弦仿佛被拨动着。确实如此,世上没有不爱孩子之父母,缺的是会表达爱的父母。心中饱含对孩子浓浓的爱意，却只能压抑在心中，扮演着一本正经和严肃的父母角色。孩子在成长过程中，虽然被父母的关心与爱包围着，从不愁吃喝，也无须承担任何家庭责任，看似幸福无比，却恰恰失去了一份应该真正被表达出来的、能真正被感受到的爱。缺失了这样的能被感知的爱，犹如失去成长的蜜度，有了一丝遗憾。

　　幸好，张文质老师提醒了我们，他说：父母表达爱的方式有很多，其中有两种最基本也最重要：一是身体的接触，二是言语的表达。身体接触包括亲吻、拥抱、抚摸等，这些行为会让父母与孩子之间产生亲密感与安全感，尤其在孩子6岁之前，父母与孩子保持着亲密、频繁的身体接触极为重要。例如，每天睡前的晚安吻、开心与难过时一个温暖贴心的拥抱；当孩子遇到困难、挫折想要放弃时，也许父母轻轻地拍拍背、摸摸头，比千言万语更有安慰鼓励的力量。于中国传统而言，我们总是羞于肢体表达，会觉得不好意思和尴尬，但我相信，随着时代的进步，思想理念也会更新。爱应该是具体而可见的，新一代的父母会更敢于肢体表达，更乐于通过肢体表达来传递对孩子的爱意，让孩子在真正能感知到的爱中茁壮快乐地成长。

　　同时，除了身体的接触，张文质老师还提到言语的表达，指出生活中还有一种常见的情况，就是父母认为自己每天都向孩子表达爱意，但孩子并没有感受到被爱。究其原因，还是父母没有意识到言语表达的重要性，也不知言语表达的魅力与力量。传统的中国父母普遍不善于表达爱，最多也就是在孩子取得明显进步时，给予一些言语上的肯定，但这只是锦上添花，而人更需要的是雪中送炭。锦上添花固然是好的，也是最容易做到的。如当孩子取得进步时，父母的肯定与鼓励让他更有动力与信心；当孩子表现得知书达理时，父母由衷感到开心，并加以肯定，这都是人之常情。孩子之所以是孩子，正是因为他们更多时候表现出来的未加修饰的天真和不尽如人意，需要我们去接纳、包容，并加以引导。这时，父母发挥言语表达的正能量，极其重要。

当孩子调皮捣蛋、惹麻烦的时候，能否心平气和地向孩子了解事情的前因后果，能否打心底接纳孩子的天性，并平和地引导孩子该如何做？语言的平和便是爱的一种方式，少一分责备，多一点从容，让孩子在平和有爱的言语中认识自己、改变自己，就是语言的力量。父母做到真正倾听、理解孩子的内心感受和需求，并用言语表达出关心，孩子才能真正感受到父母的爱意。

关于父母语言的表达，我印象特别深刻的是每一位孩子都需要面对的一件事情。作为父母，在紧张的考试后，是给予孩子动力、鼓励呢，还是给予孩子压力？我相信绝大部分父母都会选择给予孩子动力与鼓励，但是遗憾的是，多数父母在实际行动上给予孩子更多的恰恰是压力。让我们一起来看看考试结束后的情景。

（1）知道分数后，你是怎么问孩子的呢？一是"妈妈觉得你这个分数很高或者很低"，二是"你对自己的成绩满意吗？"学习是孩子的事情，让孩子体验考试带来的感受，而不是让孩子体验考试带给父母的感受。所以，不是首先表达自己是否满意，而应该聆听孩子自己对本次考试的感受。

（2）如果对孩子的成绩感到满意，你是怎么引导孩子的呢？一是"太棒了，妈妈要奖励你……"二是"你打算如何庆祝？"庆祝是体验自我成就感与他人分享快乐，而奖励意味着我们比孩子位置更高，我们在评判着他。所以，在语言上要引导孩子正视自我感觉，而不是奖励孩子。

（3）如果孩子感觉不满意，给予的不是批评，更应该是共情和安慰——"看得出来你很不开心"，并与孩子一同找到表现出色的地方给予肯定，并找出失分的原因继续努力（如是知识点没掌握，还是做题时不够专注、没有仔细检查）。语言表达不是为了评价孩子，评价孩子不是父母该做的，语言表达更应该是与孩子的情感取得联结，感知孩子的失落，支持孩子做得更好才是父母的事情。

（4）不管孩子满意还是不满意，都可以再问问孩子——"你觉得跟以前比是进步了还是退步了"，而不是跟别的孩子比。让自己越来越好的内动力是自我成就感，让孩子多关注自我的成长，培养成长型思维。

语言表达还让我想到了一个特别有意思的心理学观点在教育上的运用：比马龙效应。美国心理学家罗森塔尔曾经做过一个实验：

> 在一所小学随机选取了一群学生做评估，然后他点名圈出了一部分学生，告诉老师，这些学生能力更强、更有潜力。但其实，这些学生都是他随机抽取的，根本没有所谓评估成绩这个说法。但他的专业性让老师们都信服，这些学生就是最有潜力的一群孩子。之后就发生了一个特别有意思的现象，那些被罗森塔尔随机点名的学生，真的就变成了那所小学里拔尖的孩子。

这个就是比马龙效应在教学上的验证。所谓比马龙效应指的就是：事先预期什么，事后将得到些什么；自己的行为将验证自己的预言。

心理学家和教育学者对这个效应的解释是，教育者的态度会影响孩子自尊、自信的水平，从而让孩子在自我验证的期望中，表现得有所不同。因为，父母与老师平时对孩子说的话，承载着对孩子的态度，孩子将从这些态度中形成自我认识，并发展自我。那么，如果我们的语言充满着鼓励、肯定和认可，孩子将更加自信、自重和自爱；倘若我们更多的是指正、批评，甚至恶语相向，那即使是为了孩子好，孩子也感知不到言语背后那份所谓"为你好"的爱。

把握好爱，然后去爱。中国父母非常爱孩子，但对孩子缺少情感支持。看过两个相似的案例：

第一个案例：一位妈妈在游乐园带孩子玩一个坐飞盘的

游戏，孩子不小心把自己的包掉下去了。本来坐完飞盘就可以去捡起来，可是，包刚掉下，男孩自己就很难过了，一直在说"包掉了，包掉了"。妈妈看到后，第一反应就是开始数落孩子："你怎么这么不小心啊，这么大的人拿包都拿不好。"本来就难过的小男孩越发难过了，手握着扶手嘴巴嘟了起来。之后在整个游戏过程中，我们都能听到那位妈妈的数落，看到那个小男孩越发难过的表情。与之形成鲜明对比的是整个飞盘上其他人开心的笑容。

第二个案例：在地铁上，外婆带着一个小女孩，小女孩坐不住，不多久就一边吃泡泡糖一边绕着把手转圈。期间外婆提醒了好几次，让她不要转，坐下。女孩没听，外婆说了几次，见无效也就低头看手机了。突然女孩不再转圈了，哭丧着脸向外婆求助，原来是把泡泡糖吞下去了，显然女孩被吓到了。外婆放下手上的手机，知道缘由后，立马开始教育女孩："之前就和你说不许转圈，你就是不听。好啦，现在泡泡糖吃进肚子里了，接下来就要烂肚子了，看你以后还听不听话。"后来，一直看到那个小女孩用手摸着自己的肚子，显然是被吓到了，也许她真的担心自己会烂肚子。

让人脑海里挥之不去的场景，就是小女孩捂着肚子一脸害怕的样子。其实妈妈、外婆不爱孩子吗？她们很爱孩子，但是在语言上总是在做"伤害"孩子的事。我们可以为了孩子牺牲自己，倾尽所有，却总习惯在孩子情感最脆弱的时候雪上加霜。

这就是语言表达产生的力量。父母要让孩子感受到爱，一定要把握语言表达的艺术，正面的语言滋润着孩子成长，我们一定要让孩子成长的底色充满能感知到的爱。

二、要有高质量的"陪伴",而非"陪着"

"陪伴"和"陪着",虽差一字,意义却千差万别。

《奶蜜盐》认为,在亲子关系里最关键的一个词,就是"陪伴"。陪伴是父母与孩子最自然的相处模式。它满足的是孩子基本的心理需求。孩子都不陪,父母的爱从何说起?可喜的是,陪伴是亲子关系的关键,这个观点已成为家庭教育研究领域的共识。因此,我更深入思考的是,如何陪伴才是高质量的陪伴?很多父母定义的"陪伴"就是:我人在那儿。一位心理学教育教授说,这样的例子特别特别多,这也是她在做咨询时发现的,大部分的家长都是身体是温暖的,但头脑和心都是冰冷的(Warm body but cold head and heart)。

在如今忙碌和被高科技充斥的社会里,我们太容易被分心了,陪着孩子时心里却想着明早开会要和老板讨论的话题、今天晚饭做什么,或者埋头看手机刷朋友圈。

孩子的心特别纯净,因此也特别敏感,他们最能感知我们是不是真心。"假装在陪伴"其实比缺席更严重,因为这样的行为在告诉孩子:即使我们在一起,你也太无关紧要了,以致我可以分心去考虑其他事情。于是,缺少关注和爱的孩子,就会从其他途径来寻求关注。而大部分孩子就会发现,只有当他调皮捣蛋时,父母才会真正全心全意开始陪伴,而不是陪着。这也成了很多孩子索取爱和关注的途径。为人父母本就是一件很漫长的事情,但如果陪伴这件事父母不得不做,那不妨在做的时候更用心一点。用心陪伴其实并没有想象得那么难,关键的是,父母真的愿意为孩子花时间,这是一个态度上的转变。

在陪伴的过程中,父亲和母亲的角色同样重要。男孩从父亲那里学会如何成为一个男人,女孩通过对父亲的欣赏、爱戴和信任学会今后如何和其他异性相处,而这些需要父亲花一定时间和孩子互动,这些是电视、玩具等无法替代的。孩子从母亲那里学会如何爱、照顾和信任,从小得到母亲更多关注的孩子,会有更强的自尊水平,从而有更好地和他人互动的能力。而这些不仅需要母亲花时间和孩子互动,更需要母亲本人有一个比较稳定的情绪状态。在用心陪伴的定义中,父母亲的侧重点会有所不同。对父亲来说,孩子需要的是真正不分心地花时间陪伴;而对母亲来说,是愉快、不焦虑地用心陪伴。

一段专属于孩子的亲子时间,比起精致的礼物更为贵重,这才是最宝贵的礼物。爸爸妈妈的用心陪伴,就是最好的家庭教育。多一份陪伴,就是给孩子创造一份日后回想起来能够慰藉心灵的记忆。

最终,让孩子记住的不是父母买给他们的玩具,而是父母陪伴他们的美好时光。

三、尊重孩子,让孩子成为真正的自己

人生而有性,父母应遵循孩子的天性,支持他,成全他,进而成就他。正如书中所说的:每个生命都自有它的成长规律。一个人长得太快,也就意味着他老得更快,更容易失去生命的弹性跟热情。

父母应该把儿童看作平等的人、有独立个性的人,要自觉地意识到尊重儿童、尊重童年。有了对孩子当下生活的尊重,对孩子本身作为人的尊重,父母的很多教育方式自然就会变化。家庭是儿童生命的摇篮,是人出生后接受教育的第一个场所,父母是孩子的第一任老师,父母带给孩子什么,往往就决定了孩子会成为什么样的人。人的认知风格、行为习惯、性格特征,都是在童年奠基形成的。家庭是学校的预备学校,应该在家庭教育中倡导生活教育,重视对孩子品格、人格、道德、习惯的培养。所以,父母应学会准确了解孩子,顺着孩子自己的天性走,协助孩子成长。帮助孩子树立自信,帮助孩子找到他自己,这是最关键的。

如今的父母往往只用一个标准——为上清华、北大、哈佛来培养孩子。用一个标准、一个模式去培养孩子，最后大部分人都是失败者。这是当前社会教育焦虑的表现，是我们的社会评价体系出了问题。很多人把上名校当作家庭、父母、孩子成功的典范，而我认为最好的教育是帮助孩子成为他自己。让孩子做自己想做的事，学自己想学的东西，让每个人都找到自己，成为更好的自己才能幸福。

那些真正有幸福感的人的人生不是千篇一律的，他们都有不一样的人生历程和教育经历。因此，我认为最好的教育就是帮助人不断成长，不断超越自己，帮助人更幸福地活着。只要做到了这一点，家庭教育就是成功的，这也是家庭教育的目的。

奥地利心理学家阿尔弗雷德·阿德勒说过："幸运的人一生都被童年治愈，不幸的人一生都在治愈童年。"愿你我能怀着被感知的爱，去爱孩子；带着真心的高质量陪伴，去陪伴孩子；顺着孩子的天性，去尊重孩子。让孩子在充足的爱、陪伴和尊重中自信成长、快乐成长！

家校共读：构建家校合作的桥梁

纪天娇

我任教的班级是小学低年级。这些年级的儿童尚处于成长初期，受周边环境因素影响颇重，这是家校共育的最好阶段。家校共育视域下开展小学低年级共读活动，有助于丰富孩子的情感体验，使之从中获得愉悦感，对提高教学实效意义非凡。从上学期开始，我们在班级内积极开展了家校共读活动，教师、家长、学生一起读书，让家长带动孩子读书，家庭和学校一起读书。在活动中，我们深深地感受到，读书已成为家校合作的桥梁，也在班级管理中看到了共读带给班级的积极改变。

一、家校共读活动在班级的实施

观念认识是行为实践的先导，直接决定了小学低年级共读活动的有效性。在网络互联时代，我们充分利用信息化平台，加强与家长之间的联结，并分享活动所得，有效调动家长、孩子的参与积极性。与此同时，还要深刻解读共读活动的内涵及价值，明确导向目标，关注学生全面、健康发展。具体而言，家校共育视域下的小学低年级共读活动，并不以知识学习为最终目的，更重要的是强调阅读过程中的情感、兴趣体验，继而培养他们良好的阅读能力、阅读兴趣以及阅读习惯等，并使其逐渐内化为一种成熟的心理品质。

教师阅读需整合家校共读资源。教师阅读学习时，需要对阅读材料进行优化选择，以提升阅读学习的适配性。教师阅读有鲜明目的性。首先，教师是为提升自身业务素质而展开阅读学习，通过对教材、教参等内容的研究，实现自身学习充电。其次，教师参与阅读学习活动，可以为学生准备更多的阅读资源信息。小学生没有太多阅读辨识能力，需要教师帮助筛选阅读材料。最后，教师阅读资源相对丰富，教材、教参、教辅材料、网络信息搜集、书店、图书馆等，都可以找到阅读资源并合理择优运用，教师对这些阅读资源进行整合分析，可以为学生和家长提供适合度更高的阅读书目。教师阅读不是单纯的自身学习，而是为教学服务、为学生推介、为家长引导的综合设计和规划，具有极高的操作和实用价值。

家校共读中，学生应该是阅读学习的主体，教师和家长是配角。作为家校共读最活跃的因素，教师需要发挥更多的引导作用。小学生课外阅读呈现多元性特质，而家长受限于自身认知，不能给学生阅读带来更多指导，教师在操作家校共读时，要在阅读材料选择、阅读情境创设、阅读活动设计等方面做出创意探索，以成功调动学生参与家校共读的积极性。

二、家校共读在班级管理上带来的转变

家校共读《奶蜜盐》，首先拉近了教师和家长的距离，教师和家长沟通孩子的情况时，又多了一个话题，那就是读书。并且孩子的一些问题也在书中找到了答案，一些对孩子的成长经常焦虑的家长，也可以更客观地看待孩子成长中出现的问题。

上学期就发生了一个故事。

我们班有一个家长，因为孩子的数学成绩一直不理想，经常会和我说："我和他爸爸小时候数学就学不好，这孩子应该也是没有学数学的天分吧。老师，他是不是比其他孩子都笨？"我经常听到她这样焦虑和抱怨，而不是去找孩子的学习问题，一点点帮孩子努力、改正。我知道，想要改变一个成年人的态度很难，让她自己意识到自己的问题才是解决问题的根本。通过读书，我和该家长探讨了一下书中的内容"过早的判定，可能毁掉孩子的一生"，家长也意识到，不能用自己的成长经验来判断孩子的特性。家长过早的判定、对孩子的态度挫伤了他的进取心，还会阻碍他的心智发展。有时候孩子真的会因为父母的伤害而堕落下去。

通过对书中理论的学习，我和家长也探讨了应该抱什么样的态度来对待孩子。家长应该以一种积极乐观的心态来面对孩子的未知，如果他目前的表现不理想，很可能是他的才华没有被挖掘出来。也不必猜测孩子会成为什么样的人，不必判断他是聪明的还是愚笨的，每个人长大后都会在社会上有自己的位置，我们给他支持和鼓励，同时也给他鞭策，让他尽情地成为他自己，这样孩子的发展很有可能会超出父母的想象。

三、让教育回归本质

《奶蜜盐》一书回归了家庭教育的本质，提出把"家长"改为"父母"，把"培养"改为"陪养"，让孩子在父母的呵护下，自己做决定，自己去成长，成为一个幸福的孩子。这种理念真好，把"培养"改为"陪养"，作为班主任，我是有发言权的。

我所带的班级中，给孩子高质量陪伴的父母确实有很多优秀的习惯和良好的性格。孩子很多问题追根溯源是父母陪伴的缺失,再看看许多优秀的学生,哪个不是家庭教育优秀的成果?随着社会的发展,家庭教育的重要性越发凸显。张老师主张教育是生命教育,教育应尊重生长的内在规律是缓慢的艺术,所以不能太功利,不能太干预,不能以过度的热情破坏事物。张老师说:

> 孩子都不陪,爱从何说起?陪伴是父母与孩子最自然的一种相处模式。它满足的是孩子基本的心理需求。只有跟爸爸妈妈生活在一起,孩子才是最快乐的、最有安全感的。一旦孩子跟爸爸妈妈分离,他们就很有可能处于惶恐无助的心理状态。陪伴这项工作,是任何人都不能代替父母去做的。那些由他人代替的陪伴,虽然也是一种陪伴,但是孩子无法通过这种陪伴得到本能需求的满足,也无法产生那种自然而然的幸福感。

他不只是一个孩子,不只是父母的私人财产,他是世界构成中的一棵树,具有自己的属性和特点,父母必须像园丁般用爱灌溉这棵小苗苗。儿童的生命密码里有许多先天的能力,如反射、自我修复和自我调节能力,父母只需要尊重孩子自己的特点、监护和指导,不能替代、过分保护、干预或冷漠。我在想,什么样的爱既能让孩子保持自然的生活状态,又有助于引导他的精神成长?我们不能因为害怕孩子被伤害,而硬给孩子一些东西,如不允许和陌生人说话,这会伤害孩子。相信孩子有天生的辨别能力,只要父母和老师对孩子给予适当的指导和激励,孩子能够区分好坏,其实这是常识。

家校共读的价值与意义

任 莉

从2019年5月开始,东莞外国语学校(以下简称"莞外")开展了家校共读的活动。通过共读,教师和家长彼此联系、相互补充,在共读中不断改变自我、提高水平,借助外力的冲击,激活家校教育的磁场,有效提升了家校教育的合力,构建出家校两极的教育磁场。

苏霍姆林斯基把学校和家庭比作两个"教育者",认为这两者"不仅要一致行动,要向儿童提出同样的要求,而且要志同道合,抱着一致的信念"。但是,达成这一理想并不容易,因为在教育的合力中,不时会出现这样或那样消耗教育效果的"力"。莞外开展的家校共读,将共读的主体落在教师和家长身上,利用学校教育比较系统规范、理论性强、多从大处着眼的特点,选择体现学校核心教育观的相关书籍,教师与家长共读,促使教师和家长在育人的过程中共同聚焦"怎样培养人和培养什么样的人"的教育使命,形成统一的教育观、价值观。这正是莞外开展家校共读的目的与价值之所在。

一、共读"在于专业引领"

家长不同于教师。教师接受过系统的专业理论学习,长期处在教育教学的一线,为提升教育教学研究品质与实效,常常阅读专业书籍、接受专业培训,专业素养比较高。面对出现的教育现象和问题,教师明白"该如何做""为什么这样做",而大多数家长正好与之相反。

(1)教育观念的一致性。莞外以价值引领为核心,通过共读,使家长知道莞外培养什么样的人、为什么要这样培养、这种培养策略背后的理念是什么,让学校教育在校园之外继续辐射和强化,家长在逐渐认同中自觉对标,找准自己在家庭教育中的角色。

学校里我们常常会看到这种现象:学生打架后老师不仅会批评爱欺侮人或第一个动手的学生,有时为了惩戒学生,还会请这个学生的家长到学校来。这不仅让学生有一种震慑感,也希望通过家校合作对学生进行教育。但不少家长认为孩子年龄还小,打架的事儿肯定会发生,不必大惊小怪动不动就请家长,有的家长以工作忙为理由会让爷爷奶奶代为处理。共读书目《奶蜜盐》中有一个观点:在孩子6岁以后,一定不能缺少一种"核心营养元素"——约束和引导,约束和引导能帮助孩子形成良好的品格,明白责任的意义,让他们面对某些社会现实时有足够的勇气去承担,去接受属于自己的任务。家长们逐渐认同这一观点,既明白了老师请家长的原因,也明白自己在家庭中不能放弃孩子的教育权,家庭教育得立规矩,原则性问题不能妥协,否则就要承担相应的后果。

当家校观念一致后,家长明确了家校共育方面的要求,学校的教学和教育过程自然也不会像纸做的房子一样倒塌下来。教育合力的效果也就自然显现。

(2)教育语言的直观性。市面上不少教育教学的书籍因为专业性强,不利于家长阅读,有关家庭教育的书籍也是良莠不齐,家长很难选择并从中受益。开展共读活动后,学校从专业的角度精心挑选了一批适合家长阅读的书籍,这些书籍最大的特色就是语言生动直观,把艰涩的概念写得通俗易懂。例如,《奶蜜盐》一书将孩子成长所需要的爱和温暖的环境比喻成"奶",将成长所需要的鼓励和赞赏比喻成"蜜",将成长过程中的约束和引导比喻成"盐"。读者的五官六觉迅速被打开唤醒，仿佛能直接感受到这种教育策略带来的效果。再如，《父母改变　孩子改变》中张老师主张把耳熟能详的两个成语"理直气壮"和"义正词严"改为"理直气和"与"义正词婉"，只动了两个字，但给人的感觉马上不一样了。这让我们想到当孩子出现问题，师长想采取急风骤雨的教育方式时不妨换一种温和耐心的方式，这样更能体现父母的智慧。教育是相通的，如果我们多一些"理直气和"，多一些"义正词婉"，那么就保护了孩子和学生的心灵。这样的共读书籍、这样的语言表达比老师苦口婆心地对着家长讲千百遍道理好懂多了。

二、共读"在于精神共振"

阅读是成长之基石。新教育倡导建设科学发展共同体，师生、家长、学校，都是同生共长的结合体，而阅读则是联系这一切的纽带。因为阅读是一种最简单、直接、有效的情感交流和学习方式。只要师生间、家校间产生了精神共振，就能达到"不教之教"的良好效果。

1. 共读，创造共同的语言

学校和家庭该如何去做才能提高沟通的效果？当然是找到双方的共同语言。有了共同语言，家长就能接受学校所要传递的信息、思想和情感，就可以形成同盟。朱永新教授在《中国新教育》一书中提道："没有共读、共写、共同生活，教师与学生、父母与孩子、学生与学生，就是同一个屋檐下的陌生人。"共读，就是和读同一本书的人真正生活在一起。因为同读了一本书，教师和家长间、家长和家长间会产生很多共同话题，一起讨论创造出许多共同语言，这在很大程度上可以提升家长的教育素养，化解教师和家长、家长和家长之间在教育问题上的分歧、矛盾，产生思想上的共鸣、情感上的共振。因为共读，教师和家长得到了更好的成长，最终有利于孩子的成长。

2. 共读，开启技能的密码

家庭环境是具体的、现实的，家长身处家庭教育的一线，仅凭简单粗暴的教育方法，不可能达到好的教育效果；孩子的问题会越来越多，最终变成问题学生。但年轻的父母没有经验，缺少育人技能，所以进行家庭教育时会多劳少获甚至无获。

共读活动的开展，仿佛给教师和家长搭建了一个技能交流的平台，大家在一定的时间和空间内，利用科技手段交流共读所获，"切磋"育人的技能，双方都大受裨益。

例如，张文质老师的《父母改变　孩子改变》一书中就"一定要管孩子，怎么管"支了一招——"顺其自然""遵守规则"。这似乎是一对矛盾体，家长什么时候"顺其自然"、什么时候"遵守规则"呢？家长们在微信群中畅所欲言，收获了不少好的方法。

再如，有家长说在孩子上一年级时就制定家规，这个家规约束着家里的每一个成员，大家都遵守，久而久之孩子就知道遵守规则的重要性了；有家长说"顺其自然"不是任意放养，是充分尊重孩子的意愿，当意愿不合理、违反规则时就该进行"遵守规则"教育了；还有家长说鼓励孩子参与规则建立，这可以增加孩子遵守这些规则的可能性；等等。

共读，犹如开启了技能密码一般，对改善家长育人技术匮乏的状况有很大的帮助。

3. 共读，营造育人的场域

莞外开展家校共读后，教师和家长每天20分钟的阅读以及定时在微信共读平台上的交流，为孩子营造了一个很好的场域，一个由教师、家长的行为以及与此相连的许多因素营造出来的相对独立的空间。在这个场域里，教师和家长用自己的阅读行为不断地给予孩子标签性导向——我们是读书人、我们要阅读。随着时间的积累，孩子心里也在不停地给自己贴标签——我是读书人、我要阅读。

（1）培养良好的阅读态度。随着场域影响力的不断深入，孩子的个性意识有了"我是读书人，我要阅读"的自我认同，这种认同一方面指引着孩子的行为，另一方面也促使其行为不断得到强化、保持，最终形成习惯。再加上教师和父母的阅读行为会点燃孩子的读书兴趣，培养其良好的阅读态度，这种学习态度会使孩子终身受益。另外，经常阅读的孩子，信息加工水平会得到一定的提升，从而促进其认知能力和智力水平的发展。

（2）创造良好的沟通渠道。教师、家长和孩子一起阅读一本书，不仅能让教师、家长、孩子以书为友，营造出家校良好的读书氛围，也有利于创造良好的师生、亲子沟通渠道，增进师生、家长与孩子的感情交流，通过读书、聊书，把教师和家长的人生观、价值观传递给孩子，有利于孩子体会阅读价值，帮助孩子们发现和释放蕴藏在灵魂中最好的自己！

家校共读让教师和家长产生共同的文化，教师、家长甚至孩子在一次次的分享与互动中，智慧之光熠熠生辉，大家纷纷用自己的阅读、思考，与作者、与同伴、与智慧对话，引发思想上的共鸣，产生精神上的共振，让家校教育实现真正的合力。

三、共读"在于相伴共生"

家庭教育乃教育之源，学校教育离不开家庭教育，二者凝心聚力，教育才能达到事半功倍的效果。因此，孩子的榜样不仅有老师，还有家长，要求孩子们做到的，在学校教师要做到，在家里家长要做到。例如，我们要给孩子积极的人生态度，教给孩子思考问题的方法、解决问题的能力、良好的生活习惯，教师和家长就必须先做到。

莞外开展共读活动是以书为媒，以阅读为纽带，让教师和家长从专业上提升来影响孩子的成长，这需要家长和教师不断学习，充实自我，从而到达生命的新高度，更好地实现每个人的人生价值。

> 曾经接触过一个家长，他给孩子提供了非常好的物质生活，但自己工作忙，妈妈应酬多，从来不陪伴孩子，也不管孩子。孩子还是成了问题学生。孩子极其自卑、懒散，撒谎成性。当家长多次因为孩子的问题被请进学校面谈后，终于不耐烦地对老师说："老师，我的孩子身上的毛病很多，孩子包括我身上都有，你们别太紧张，等他长大了就会好的，这孩子你们别管了，他能读就读，读不下去就不读，性格上我们会教育好他的。"就凭家长这几句话，我们完全可以看出孩子的问题出在父母身上。家长的理由是孩子身上的问题不是问题，因为他身为父亲身上也有，大多数人身上都有。这位父亲不想想，孩子身上的问题真的是大多数孩子都有吗？顺其自然的方式用对了吗？

共读书目《父母改变 孩子改变》有一个主张：教育孩子最重要的是父母要和孩子生活在一起，孩子6岁以后，对其行为要进行约束和引导，既要"顺其自然"又要"遵守规则"。明白了这一点，家长知道自己的问题出在哪里，逐渐改变了教育孩子的态度，配合学校的工作。

是的，家风建设、家庭教育非常重要，共读活动让家长意识到家庭教育的重要性，这也是共读活动开展的意义所在。

家校共读，给教师和家长提供了自我教育和成长的平台，双方在价值认同的基础上承担起应尽的职责和义务，发挥协同育人的最大功效。家长在言传身教的同时，也是在自我修炼。当家长与学校互相信任、互相了解、互相分享、互相变换角度审视的时候，教育就实现了彼此的抵达。

有了爱就有力量,在共读中成长

郭雪梅

2019年10月中旬,学校开展了第二期家校共读活动,这次共读的书目是张文质教授的家庭教育讲演录《父母改变 孩子改变》。犹记得张教授在共读开启仪式上的讲话:"教育是一种慢艺术。不仅对孩子如此,对家长而言,更需要时间慢慢学习,慢慢改变,以便更好地陪伴孩子成长。""慢慢""学习""改变"三个词,在这大半年的共读光景中,一路上陪伴着既为人母也为人师的我,成长正悄然发生着。

家校共读这本书,以爱为力量,以"为了孩子"为共同出发点,在工作和生活中,让我们受益匪浅。

一、"最需要受教育的,恰恰是孩子父母自己"

这句话多多少少会令为人父母的我们心有不甘,但细想确实如此。

父母是孩子的第一任老师。孩子和父母相处,在耳濡目染、潜移默化中,孩子学会了为人处世,养成了行为习惯。父母对孩子的影响是悄然的,更是深远的。我想,这也是张文质老师提出"父母改变,孩子改变"的原因之一。要改变孩子,得先从改变父母开始。而要改变父母,又谈何容易?这需要父母有改变自己的决心和坚强的意志,需要不断地学习、检视自己。从为师者的角度而言,我觉得"老师改变,学生改变"

也是一样的道理。

　　父母是第一责任人，甚至是终身责任人，一辈子都要做示范，一辈子都有责任为自己的孩子、为自己的孙子、为自己家族的人做出榜样。我们需要教育，需要激浊扬清，为孩子提供良好的教育氛围。这是每个大人的责任。我们应谨记：处处当孩子的榜样。

　　因此，我们需要学习。我们只有改变先入为主、自以为是的观念，才能清除沟通理解上的障碍，才能真正理解孩子。许多时候是不理解导致亲子关系紧张，导致各种极端的情绪，导致仇恨，导致自暴自弃。只有先理解孩子，才会同情孩子，才会感同身受，继而为孩子提供尽可能多的帮助，让孩子在安全、安心的氛围中成长。这样的教育才是有效的教育。

　　有一天，我的孩子放学回家，失落地静坐少顷后突然崩溃，大哭着喊道："全班都懂的问题为什么我就是不懂！我这样还怎么学习下去！"如果是从前，我可能会斥责她"没有认真听课和学习就该为自己的行为付出代价"。这次，我开始尝试去理解孩子的感受，去倾听孩子的声音。了解事情的来龙去脉之后，我问孩子："现在你需要妈妈怎么帮助你呢？"孩子讲述后，情绪已恢复平静。她表示，学习上遇到的难题自己已经想尽办法，也请教过老师和同学，但依然不理解，想请我从我的角度再跟她一起梳理解题思路。我欣然答应。

　　就这样，因为理解和倾听，我避免了一次亲子间的冲突，孩子感受到妈妈的支持和爱的力量。我跟家长朋友分享我的这一次经历，因为这是家长与孩子相处时经常会遇见的事情，大家都颇有共鸣。

　　是的，"最需要受教育的，恰恰是孩子父母自己"。无论是教师还是父母，都要勇敢地检视自己，坚持学习，学习改变固有的思维方式，学习理解孩子、跟孩子沟通的技巧和方法，陪伴孩子更好地成长。

二、"1% 的灵感比 99% 的汗水更重要"

在《父母改变　孩子改变》这本书中，张文质教授引用爱迪生的格言"成功等于 99% 的汗水，加上 1% 的灵感"时指出，爱迪生的这句格言还有另一半，他的下半句是"但是这 1% 的灵感最重要，甚至比 99% 的汗水还要重要"。张教授解读爱迪生的这句话，告诉读者朋友："爱迪生的原话强调的是人身上的那个特质才是最重要的，如果你不具备这个特质，那么你可能不属于这个领域，哪怕再勤奋，你能获得的成就也极为有限。"

这就提醒父母和教育工作者，在评价孩子的时候，我们要关注个体差异，不能用统一的标准来评价孩子。同时，教育也是发现和等待的艺术，教育要给孩子等待的时间，等待孩子的"灵光闪现"或者是帮助孩子发现自身的闪光点。

认清了这一点，我想，当面对孩子不适应学校或者不适应学习的情况时，教师和父母可以先调整自己的焦虑状态，不把自己的焦虑转化成孩子的焦虑，再寻求解决问题的办法。

三、"铁是铁，钢是钢，不要恨铁不成钢"

在现实生活中，我们经常用"恨铁不成钢"来批评指责孩子达不到我们的期望，粉饰我们对孩子的不满。张文质教授说，教育中有不少悲剧就是"恨铁不成钢"造成的，因为这种观点是对孩子的不理解、对孩子的特质的不尊重。安徒生童话中的丑小鸭最终变成白天鹅，是因为它本来就是一只小天鹅，只不过生于鸭子窝，被人误以为是一只丑小鸭。如果孩子就是一只丑小鸭，我们应该努力帮助他成为健康、快乐的丑小鸭，而不是因为他没有努力成为白天鹅而焦虑甚至动怒。

如此，作为教育者，教师和父母应达成共识：理解和尊重孩子一定要放在第一位。只有理解才能接纳孩子的不完美。在我们的教育中，应该有更多的理解和同情、慈悲和勇气、赏识和接纳，助力孩子健康快乐地成长。

四、"给父母的20条建议"和"给孩子的20条建议"

在《父母改变 孩子改变》的最后一章，张教授提出教育孩子的"八大戒律"，强调："重建家庭文化，父母需要的是克制、自制与责任的重新定位"。他还跟大家分享了曾给家长和孩子提出的20条建议。这20条建议的指向非常明确，操作性强，我非常认同。于是，借着去年11月年级家长会的契机，我摘取了这20条建议，在班级交流时跟家长朋友们做深度的解读和交流，而"给孩子的20条建议"则以主题班会的形式在班级中推出。

经过"给家长的20条建议"和"给孩子的20条建议"的共读讨论和交流，我们欣喜地发现，学校、家长、孩子对某些问题的认知达到了前所未有的统一，这让集体的沟通变得更顺畅！例如，"给孩子的20条建议"中的第9条"培养自己在公众场合表达自己、表现自我的勇气和能力，多说一些请、谢谢、对不起等文明用语"，孩子们非常认可，班级中的语言氛围的确有所好转了，孩子们之间因语言引起的小摩擦明显减少，班级人际关系大大改善了。

在共读活动中，我们深深地感受到，教育有其独特性，没有任何一种教育方法能适用于所有孩子，但只要阅读和学习，总会有些理念和方法能引发我们的思考，改变我们的教育方法，提高教育的有效性与科学性，让孩子继续成长。为人父母者具备了应有的知识技巧和方法，才有可能成为足够好的父母。我更想说，为人师者也是一样的。

在共读中我读懂了真正的爱

李杰仪

我非常荣幸有机会参与学校组织的家校共读活动。家校共读促使教师和家长在育人的过程中相互助力，形成统一的价值观，既优化了家校关系，又优化了育人环境，有助于实现教师和家长的共同成长，共同促进学生全面发展。

一、不要"恨铁不成钢"

从生下孩子那一刻的喜悦以后，父母看着孩子一天天长大，从牙牙学语到蹒跚学步，没一件事不让父母操心。在工作中，我常常发现一些父母非常尽心地阅读各类育儿知识，觉得自己的孩子一定是一个机智过人的聪明孩子，想让他赢在起跑线上。但等孩子进入小学中高年级以后，却成了一个成绩平平的中等生。父母总会在孩子学习成绩不理想的时候，有种"恨铁不成钢"的感觉。其实，不仅仅是父母会有这种心理，作为教师，我也时常有这种感觉。明明这个孩子非常聪慧，平时的练习中不会出现这种"低级错误"，为什么偏偏在考试的时候就做错了呢？在张文质老师《父母改变　孩子改变》一书中，我找到了答案。张老师说："铁是铁，钢是钢，铁是没办法变成钢的，而且铁有铁的价值，你也不要把它变成钢，可能铁好不容易变成钢也是废钢，也是派不上用场的钢。"

作为父母，理解孩子一定是要放在第一位的工作。理解了才有同情，才有慈悲，才有勇气，也才有无限热情接纳孩子的信念。我觉得，教师更应当如此。我们往往把自己的梦想加在孩子身上，总是拿孩子和别人作比较，总是希望孩子能比自己更优秀。除了我们的虚荣心在作怪，还有可能是怕面子挂不住。在这个科技发达、快速更新换代的世界，对孩子，我们最缺乏的是发现美的眼睛。孩子身上的闪光点，并不一定是学习成绩。学习成绩平平的孩子，也有自己优秀的品质。

张老师说："任何一个孩子生下来，其实都是'被上帝咬了一口的苹果'。任何一个孩子生下来之后，你都会发现，世界上并没有真正完美无缺的人。"有时我们很难接受孩子本身的样子，不是因为孩子的行为有问题，而是因为我们把这个真实的孩子，与心目中完美的孩子进行了比较。最好的教育，不仅是积极肯定和鼓励孩子，更是要先看见孩子的闪光点。

其实，我们的孩子如璞玉，能否优秀，一看工匠的心态，二看工匠的手艺！要想做出工艺精湛的玉镯，我们需要保持希望，相信这是一个缓慢的过程，观察并接纳孩子成长的不同节奏，根据不同类型的玉石，雕刻出不同的形状。在雕刻过程中，父母要做到陪伴、疼爱、关注、鼓励孩子，用生命相信孩子。

二、给孩子无限耐心的爱

鲁迅先生曾经说过"教育根植于爱"，一位著名的外国教育家更是一针见血地指出"没有了爱就没有教育"。

我无意中观看了一个新加坡公益广告视频，视频讲述了一个妈妈需要专心做事的时候，年幼的儿子总是时时来打扰，她常常失去耐心，对着孩子大吼。在生活中，很多时候是因为时间仓促又得三头六臂地处理各种事情，而不得不不停地催孩子子快点走路，快点做各种事情……

春泥有情 护花开
—— 东莞外国语学校家校共读活动成果集

这情形，很大程度上反映了日常生活中的我们。有时候我们对孩子失去耐心，是因为对孩子抱有过高的期望。有时候我们对孩子失去耐心，却是因为没有做到将心比心，没有花足够的心力去了解孩子经历了什么、在想什么。有时候我们对孩子失去耐心，还可能是因为只看到甚至无限放大孩子的缺点，而无意识地忽视了他们的优点。

不知道从什么时候开始，我们渐渐失去了对孩子最初的耐心。当孩子做错事的时候，我们会批评指责他的过错，却忘记去关心孩子疼不疼；孩子表现好，我们想不起来去表扬孩子，哪怕有时间去夸奖别人家的孩子。孩子皱起眉头，我们会想他是不是又做错了什么？孩子噘起嘴，我们会想他是不是又不听话了？孩子有了自己的想法，学会了反驳，我们会想他是不是想造反？……孩子的一举一动，在我们眼里，都变成了叛逆。但，每个孩子都是天使，他们纯洁无瑕，一举一动都是在大人的影响下进行的，当我们不够耐心，孩子容易变得烦躁；当我们内心充满爱，孩子也会变得乖巧。

其实，我们能陪伴孩子的时光很短暂。他们从萌发第一颗乳牙到蹒跚着学步，从背着只装一块尿片的小书包第一次去幼儿园到书包里装着整整齐齐的文具第一天上小学，从青春期的懵懂到成长后出嫁、娶妻，真正需要我们陪伴的，不过是短短数年。长大以后，他们只会越走越远。对教师而言，陪伴在孩子身边的时间可能就更短了。但是，教师是学生学习生活、心理健康、人生态度和价值观念的引导者，是帮助学校开展各项工作的协调者。作为仅次于父母的角色，教师对孩子成长的影响也是不可忽视的。

在孩子发展的"神奇阶段"，我们需要做的是给孩子无限耐心的爱。书中介绍道："父母要给自己的孩子一种无限耐心的爱，这是一种无条件的责任，就是父母要尽最大的努力、花更多的时间和孩子在一起，使他获得尽可能多的温暖、安全、宁静。"

在日常教学中,教师更要给予学生无限耐心的爱,因为爱是全世界最好的教育。从今往后,做一个内心自带光源的人,播种善良,把美好与幸福传递给孩子们,每一个微笑都能让孩子感受到温暖。

三、人生是一场超长距离的马拉松

人生不是百米短跑,它是一场超长距离的马拉松,最后起决定作用的是人的精神状态、身体状态和人对自己的期待。

著名演员黄磊说:"凡是赢在起跑线上的都是短跑,人生一定不是百米赛,一定是一场马拉松。"不知道从什么时候开始,我们的家长为了不让孩子输在起跑线上,使出浑身解数,送孩子上各种各样的辅导班、兴趣班,满满都是焦虑……

正规的马拉松比赛中,起跑线也通常是有分组的:那些专业马拉松选手通常排在前面,没有经验的业余选手会排在起跑线的后面。在现实生活中,排在起跑线前面的或许是我们所谓的"富二代""官二代""星二代"。他们含着金汤匙出生,享受着天时地利人和的优势。但是,最后取得马拉松比赛的胜利,不一定是因为他们站在起跑线的前面。

日常生活中,我们常常听到父母抱怨"我的孩子太不自觉了,从不主动学习";有的父母抱怨"我的孩子干什么事都没长进,总是半途而废,要能坚持就好了";有的父母抱怨"我的孩子总想学好,自己控制不住自己,自制能力太差"……每当这个时候,我们越是百思不得其解,越会责怪孩子,想把孩子拉过来教育一番。

在陪伴孩子成长的过程中,我们需要培养孩子乐观自信的精神,让他能用美好的心灵看世界;需要培养孩子坚强的意志力和不服输的精神,让他能明白"一分耕耘一分收获",清楚地知道"除了阳光和空气是大自然的赐予,其他的一切都要通过劳动来获得"。

在陪伴孩子成长的过程中，我们还需要潜移默化地培养孩子良好的体育意识，调整孩子积极的心理状态。一个强盛的民族，不光精神要强，身体也要强。

在陪伴孩子成长的过程中，我们需要引导孩子对自己有所期待。高尔基说："一个人追求的目标越高，他的才能就发展得越快，对社会就越有益。"有了目标，就如盖房子有了图纸，接下来就是实实在在的行动。古人云"凡事预则立，不预则废"，引领孩子树立正确的价值观，定下目标，对自己的未来所有期待。

也许，这就是真正的爱。

家校共读反思

幸福的家庭,父母靠慈爱当家,孩子也是出于对父母的爱而顺从大人。

——培根

一个都不能少

刘 青

参加学校的家庭教育共读活动,《奶蜜盐》一书中"盐"的部分最让我印象深刻。品格与智识教育,是一个人面对困难和挫折时的勇气与智慧,也是一个人在成长路上朝着目标前进的动力与坚定。

在如今经济飞速发展的时代,物质上的满足成了父母对孩子最快、最好表达爱的方式。父母认为自己忙着工作,就是为了让孩子生活条件好一些,没有时间陪伴孩子也是出于这个原因,所以在孩子们央求买东西时,此类父母很少会拒绝,因为他们认为这是快速弥补父母没时间陪伴孩子所造成的缺失,也是快速培养和孩子感情的机会,所以这类孩子不缺少物质上的宠爱。

此外,还有一类孩子从小在几代人的宠爱中成长,从小到大不断地被夸奖、被表扬,鲜少经历挫折,父母舍不得孩子经历任何不开心的事情。这类孩子一旦经历挫折,就很难振作,会有逃避问题的想法,难以迎难而上。我认为这两类孩子缺少的正是《奶蜜盐》一书中提到的"盐"。

现在小学阶段的孩子拥有的爱与关心是足够的,但是我们往往忘记了孩子们在成长的路上经历适当的挫折与困难,对他们的心理成长更是一种洗礼。

一、父母双方教育阵线不统一

在短暂的教书时光中,我认识到了家庭教育带给孩子们的影响,或好或坏。现在很多父母受教育程度高,对教育子女也有自己的一套想法,要么借用自己的成长方式,认为孩子像这样也可以继续成功;而有的则用自己认为正确的想法来教育子女,其中就不乏父母双方的教育意见不合,妈妈有妈妈的道理,而爸爸又有爸爸的想法,孩子夹在中间不是左右为难,就是利用父母的意见不合大做文章,为自己的行为找借口。而父母却无能为力,总以为是自己的孩子存在问题。

小林的爸爸前段时间也有过这样的疑惑。他们家是妈妈在主导孩子的教育问题,妈妈一直提倡的是辅导和帮助孩子,对孩子的学习和生活都干预得比较多而且比较细致。孩子慢慢习惯了妈妈对他学习和生活的安排,每天由妈妈安排好自己应该学什么内容、学习哪些技能。作业也每天都是妈妈在检查,妈妈检查完作业都会把错的地方圈起来,让小林重新订正,小林习以为常。直到有一天,妈妈没空,爸爸来辅导功课,爸爸通过举一反三的方法教小林自己去发现问题和思考问题,结果小林非常不适应。小林习惯了妈妈"填鸭式"的灌输,爸爸这种启发式的辅导,让他觉得非常吃力,小林很不开心,就嚷嚷着要妈妈来教。爸爸听到孩子一遇到问题就叫妈妈来帮忙,当时就有点不开心了。

第二天早上,孩子起床没有像往常一样叠好自己的睡衣,爸爸就马上让他先去叠好自己的衣服。小林"摔"门而进,爸爸又多说几句,结果孩子生气了,躲在桌子底下不愿意出来。

从这件事情就可以看出来，孩子缺乏安全感，遇到事情开始逃避，这种躲在支撑物体下面的行为是一种很缺乏安全感的表现，小林在寻求自我保护。我进一步和他的父母沟通之后，发现孩子出现这样的问题很大程度上来源于父母在教育问题上的不统一。妈妈习惯无微不至地照顾与指导，而爸爸却认为孩子应该学会自己去思考，就要让他出现错误，检查出来错题也不要告诉他，等他到学校被老师批评了，这样他就会吸取教训了。所以小林才会不适应爸爸的教育方式，什么事情都会想着要妈妈来帮忙。偶尔爸爸想要加入他的教育时却感觉自己有心无力，索性放弃了。

完全让妈妈去处理、去教育，这样妈妈也会进入一个不良的循环，误以为爸爸对孩子的教育不出力，心理上会感觉自己在孤军奋战。通过和小林的爸爸妈妈客观地分析问题出现的根本原因和目前大家对孩子教育存在的问题及各自想法的优缺点，爸爸妈妈积极召开了家庭会议，对孩子教育问题进行一次深刻的讨论，大家达成了共识。之后，小林的妈妈还特意告诉老师，爸爸主动提议带一家人去周边游玩，主动陪孩子下河抓鱼，小林非常开心，和爸爸的关系也亲近了不少。这也许就是沟通与高质量陪伴的魅力所在吧。

二、独臂式教育

繁忙的生活节奏，让不少家庭夫妻中的一方为了孩子舍弃自己的工作成为全职，或是商量孩子的一切由一方全权负责，这样另外一方就可以专心工作，不用被琐事牵绊。

小明一家就是如此。家里只有一个大宝时，妈妈对孩子的教育是非常有信心的，在家里各个方面都有意识地培养孩子的能力，而爸爸也鲜少对妈妈教育孩子的方式提出异议。

　　二宝到来后，家里所有人的目光都转移到了二宝身上。此时正值第一个孩子叛逆期，母亲无暇顾及，爸爸的管教也是简单粗暴，小明渐渐地觉得自己的爱被剥夺了，开始为自己不会做的事情找借口，对自己的学习没有太高的要求，只要他稍稍有事情受到委屈就很不高兴。特别是爸爸说了他几句，他就会控制不了自己的情绪；每当妹妹碰坏他的玩具，或是去玩小明喜欢的东西，小明丝毫不会谦让，会直接和妹妹争执起来。每当这个时候，爸爸妈妈总是说妹妹小，要让着她一点。

　　或许就是这样一些事情多了起来，小明不明白为什么，同时感到更加委屈和不理解，矛盾就这样一天一天地被积累，没有从根本上解决。

在这件事情中，虽然爸爸后面参与了孩子的教育，但是之前缺失的陪伴就像空中楼阁一样没有根基，导致现在妈妈没空，爸爸要接手孩子的教育时，孩子对爸爸的教育"不买账"。这种独臂式家庭教育，对孩子来说也是一种不完整的爱。不管是父母哪一方，对孩子的教育都应该时刻保持双轨线起跑，在幼儿时期就要与孩子建立良好的关系，这样孩子能够时刻和父母分享他遇到的事情，父母才能准确地了解孩子的成长。因为一只手臂力量再强大，也做不到两只手臂才能做的事情，家庭教育中父母双方缺一不可。

三、假装放弃式教育

　　每到三年级左右的时候，孩子出现情绪上的表达时，孩子开始和父母辩解时，有的父母会求助于老师："老师，我管不了他了，你帮我说说他。"

家长说出的这句话其实就是假装放弃式教育的一种信号。这是典型的拿孩子没有办法的体现，想把自己所有的希望寄托在其他人身上，以求问题得到解决。问题或许可以得到解决，但也只是表面的解决，父母没有找到问题出现的根本原因，更多的是在逃避问题。

也许父母已经花了大量的时间去解决这个问题，但是问题并没有解决，就会慢慢放弃。其实，每个孩子在不同的阶段都会存在一些问题。问题不是突然产生的，而是这个年龄阶段的特点，是在家庭环境之下促成的，问题爆发了，我们应该客观地看待、理性地分析、感性地帮助，这样更有利于孩子在问题中成长。

这种假装放弃式教育，并不能一劳永逸，而且会让自己离孩子越来越远。在成长路上出现的问题都是孩子们必经的阶段，我们只有真正了解孩子的想法，和他们一起去面对这些出现的问题，才能有效地帮助他们。

我想，陪伴孩子成长不光是那些幸福的时光，那些争吵、有矛盾的时光同样是可贵的。在给孩子解决问题时花费的时间更有意义。陪他走过鲜花红毯固然可喜，但是一起征服那些泥泞坎坷也同样重要。

"缓慢"——生命成长的力量

刘燕悦

"缓慢"指的是不迅速，迟缓。"缓慢"在大多情况下被视为贬义词，尤其是在当今如此快节奏的社会里。在工作中，我比较急性子，遇到问题或接到任务，总想着以最快的速度解决和完成。踏入教育行业将近4年，我很少怀疑自己工作上的急性子会带来负面影响，因为它总是给我的工作带来高效。直到拜读了张文质老师的家庭教育经典——《奶蜜盐》，我才知道，原来有一个常常被我们当作贬义、与"高效"完全相反的词语——"缓慢"，正在发挥着它特有的坚实力量，而教育需要的正是这种"缓慢"生长的力量。《奶蜜盐》就像一面思想的镜子，时刻提醒着我需要改变固有的观念，放下不必要的执着，学会理解和尊重每一位孩子特有的成长规律。它也像一抹清风，一扫我在教育教学工作中累积的阴霾，令我心旷神怡，兴奋不已。以下记录的，是我在阅读的过程中感触最深的几点，也是我在未来的教育工作中努力的方向。

一、学会理解并尊重孩子学习中的"缓慢"

英国的一个研究机构做过一项调查。调查结果证明，孩子在16岁之前，基本上没有自我改正错误的能力，因此他们才会不断地犯错误，甚至不断地重复一个在父母和老师看来极容易改正的错误。

看到这部分内容时,我的脑海里浮现的全是小 L 的身影。这个小男生,从一年级入学开始就不断挑战老师们的教学"底线",无论老师们怎么想方设法激发他的学习兴趣,孩子似乎完全不能理解,课堂上总有自己的"快乐小世界",这让老师们很是头疼。

有一次,我把小 L 叫到办公室,又一次跟他聊起课堂上他听课的情况。孩子茫然的眼神和表情以及沉默让我很是无奈,我终于忍不住对他说了一句:"为什么无论老师怎么说,你都好像没听到一样!"话音刚落,我的情绪得到了宣泄,顿时感到浑身舒畅了不少,可看到小 L 依旧迷茫的眼神和表情,无力感和焦躁感又充斥着我的身体……其实大人也许不知道,有时候孩子不能意识到自身的问题,所以他才会不断地重复犯这样的错误,而孩子的这一表现,往往被大人误解为"不听讲"。这样的"不听讲"有时候是因为大人所说的话、所用的词汇以及教导的道理超出了孩子的理解水平;有时候孩子能够理解也能接受大人的教导,但是就是做不到改正过来,这就又牵涉到了生命成长本身的反复性,有些人必须要通过不断重复犯错误才能获得成长。我想,小 L 对待学习的态度也许就属于这样的情况。在今后的学习和生活中,作为他的老师,我想我最应该做的,就是从内心理解和尊重小 L 对学习的"缓慢",而不是一味地要求孩子接受我们的改变和调整。同时,我也会加强和孩子父母的沟通,深入了解小 L 的内心世界,找出孩子对学习不感兴趣的根源,再想办法给予孩子学习的动力,激发孩子的学习兴趣,希望用这样的方式,让小 L 从内心悦纳学习。

二、孩子的世界比成年人的世界要"缓慢"得多

作为教育工作者,我们的主要任务是教书育人。因此,我们都希望孩子可以很快就学会某种能力,很快能够长大成人。但事实上,很多孩

子并不一定会像我们所期待的那样，凭借我们的教导，就能达到满意的效果，有些孩子成长所耗费的时间远超我们的想象。因为，孩子的世界比成年人的世界要"缓慢"得多。

张文质教授在2002年提出了"教育是慢的艺术"这一观点，当时遭到很多人的质疑，因为在生活节奏如此快速的21世纪，人们很难理解"教育是慢的艺术"这一观点的依据是什么，其实它的依据正是人成长的基本规律。

婴儿刚来到这个世界上，其食品一开始以母乳为主，从母乳到辅食，再到米饭，孩子至少要用一年的时间来适应和接受，其中每一步都需要父母反反复复、谨慎而小心地培养和训练。同样的道理，从会哭到会笑，从牙牙学语到蹒跚学步，每一次新的变化都需要经过漫长的等待。人所有能力的获得，都需要经过后天漫长的学习过程，都需要父母和老师手把手教导，并不一蹴而就的。成年人感到困惑时，别人的教导很容易让其"恍然大悟"，看似一瞬间的事情，实际上是童年时期埋下的理解种子，这颗种子经过漫长的岁月与重重历练，终于在某一天"开花结果"，所以才有了"恍然大悟"的一瞬间。又因为每一个孩子都是独一无二的个体，种子"开花结果"的时间自然也各不相同，作为教师和家长，我们要学会尊重和理解孩子成长中的"缓慢"时期，用孩子能接受并理解的教育方式代替无休止的说教和责骂；用有效的陪伴静候孩子"恍然大悟"的那一天。

三、"缓慢"——生命成长最坚实的力量

在当今快节奏的社会里，我们总是过于强调机敏、灵活、迅速的反应能力，却没想过，有时候反应太快反而可能会带来麻烦，因为人在接受外界的刺激时，身体需要经过消化、适应和调整的过程。而那些过于

机敏的人，在快速应对外界刺激时，他们身体内部往往有可能尚未完成对外部刺激的理解和消化，可能就做出了错误的回应。而这也意味着他们对外部的伤害也会更加敏感，更容易遭受外界的打击。这就很好地解释了为什么学习成绩好的孩子，偶尔一次考试不如意，会使他们的心灵遭受巨大的创伤。教育是"慢"艺术，在这个"缓慢"的过程中，即使部分孩子目前呈现出来的是不尽如人意的状态，大人们也不要过于沮丧，因为在那些"弱势"孩子的身上，也隐藏着一股强劲的内驱力，虽然蓄积的时间较长，但是那是生命成长最坚实的力量。

　　《奶蜜盐》是一本让我在阅读的过程中不断自省的书，当我读到第一部分——孩子成长中需要的"奶"时，我时而泪流满面，作为一名新手妈妈，我为自己没能给予孩子足够的陪伴感到内疚；时而感动不已，原来孩子和母亲不仅有血缘关系，更是彼此一生最重要的影响者。当我读到第二部分——孩子成长中的"蜜"时，我明白了每一个孩子，只有在童年时期获得足够的幸福，长大以后他才能够禁得起社会的摔打。这也提醒我，作为一名教师，作为一位母亲，我需要给予孩子足够的疼爱和关心，这样才能让孩子浸润在甜蜜的爱里。当我读到第三部分——孩子成长中需要的"盐"时，我知道了性格塑造决定孩子未来的格局。在今后的学习和生活中，我要给予孩子们有原则和适度的爱，培养孩子们的社会能力……成长是一个不停试错的过程，我们都要学会尊重、理解和接受孩子成长中的"缓慢"，给予孩子足够有效的陪伴，用爱浸润孩子成长的分分秒秒，做幸福的教育者。

由小学生做家务问卷调查引发的教育思考

张 君

我认为,张文质先生《奶蜜盐》一书中的"盐"是指良好品格、性格的养成与塑造。父母的教育职责在于让孩子学会自立、自强,成长为自己。父母给孩子适当地喂"盐",能"帮助孩子形成良好的品格,明白责任的意义,让他面对某些社会现实时有足够的勇气去承担,去接受属于自己的任务,从而在锤炼中成长"。"能理性而果断地为孩子加'盐'的父母,会使孩子获得能够惠及一生的生存能力,孩子的生命也才能因磨炼和体悟而变得丰盈有活力,获得取之不尽、用之不竭的成长能量"。

如何为孩子的成长恰当地喂"盐"、智慧地加"盐"?张文质先生也给出了答案。其中重要的观点是:要培养孩子的劳动意识和劳动习惯。他说:"爱孩子,就要教会孩子独自生存能力,而这种能力必然和劳动密不可分。从某种意义上讲,不劳动的人也是没有价值的人。"

那么,孩子们的劳动意识和劳动习惯现状如何呢?为此,我专门进行了一次小学生做家务的问卷调查,选择了五、六年级253名学生参与问卷调查。虽然调查面不够广,调查过程和结果处理也有欠规范,但调查内容所反映的情况具有普遍性,调查结果也具有一定的参考价值。

现对问卷所得,摘要分析如下。

1. 学生对家务劳动的参与度,喜忧参半。学生们明确表示会主动参与家务劳动的占2/3。这说明,在这个年龄段,近70%的学生做家务的意愿较强,具有一定的劳动意识,这是值得欣慰的。另外 30% 多的学生不会主动做家务,他们的劳动意愿不强烈,劳动意识薄弱,但他们是否就是一点儿家务劳动也不做呢?或许可以从数据中得到验证。在回答"一周做几次家务劳动"时,一次也不做的仅占 3.56%。这表明尽管有些学生做家务劳动的意愿不强烈,但可能由于种种原因,他们还是参与家务劳动的,这是值得可喜的。不过,数据也表明,不少学生做家务劳动的数量还是不足的。每周做三次以内家务劳动的占比达 60% 多,做家务劳动的次数还是偏少的。离"让做家务劳动成为生活的一部分",进而养成劳动习惯,还有不少差距。

2. 学生投入在家务劳动中的时间,稍显不足。"每天有多长时间用于家务劳动"的调查显示,用时 10 分钟以内的占比 40.71%,用时 10~20 分钟的占比 39.92%。这两个数据共占 80%。80% 的学生每天做家务劳动时间在 20 分钟以内,基本反映了这个年龄段孩子做家务的用时现状。用时在 20 分钟以上的仅占 15% 多点。

3. 学生参加家务劳动的技术含量较低。"你会做什么家务"是个多项选择题,选择项较多的依次是扫地(79.84%)、洗碗(71.54%)、叠被(69.17%)、倒垃圾(61.26%)、浇花(58%)。而做饭(24%)、洗衣服(31.62%)这些付出更多、需花大量时间学习才能掌握的家务劳动项目,则占比较低。技术含量低的家务劳动,占用时间就会少一些。

《奶蜜盐》中介绍了这样一则事例:有一本从日本引进的,名为《会做饭的孩子走到哪里都能活下去》的图书受到了很多人的喜爱。书里讲的是一个真实的故事:从 5 岁开始,小阿花每天早上都起来做饭。得了重病的妈妈逼着幼小的女儿阿花学习力所能及的厨艺包括拿菜刀、洗菜、做饭。在这位妈妈看来,和做饭比起来,学习可以放在第二位,因为会做饭就意味着能活下去,只要会做饭,身体健康,能够自食其力,无论将来她走到哪里、做什么,都能活下去。

哈佛大学一项长达20年的研究表明：做家务的孩子跟不做家务的孩子相比，就业率更高，而且婚姻也会更幸福。

童年是人生的关键时期。一个人能否取得成功，很大程度与童年有关。童年成长的价值，不在于早学了多少知识，而在于养成了劳动的习惯。

也许，我们一直在低估让孩子做家务的意义。做家务并不是在简单干活，它对孩子成长的多个领域都有帮助。我们需要重新认识做家务对孩子成长的重要性，做家务至少有以下益处：

1. 增加孩子的认知。其实很多孩子在做完家务后，心情是会变好的，因为孩子觉得自己通过劳动得到了家人的认可，证明了自己的存在价值，甚至懂得了换位思考，明白了父母平时做家务的艰辛。这也很好地增加了孩子的认知，让孩子变得自信。所以，家长要让孩子做家务，这对孩子来说也是一种学习。这个结论在问卷调查中得到数据支撑，做完家务活后，开心和有成就感的占比达一半以上。

2. 增加孩子的责任感。孩子平时在家做家务，自然而然的责任感也会很强，孩子知道自己是家里的一员，通过做自己能力范围的事，知道家庭里的正常关系，对孩子来说是很有好处的。家长们平时也应该给孩子安排一些力所能及的事，让孩子的责任心变得重一些，这样还能避免孩子养成自私的性格。

3. 让孩子独立地解决问题。现在很多孩子一有什么事就去求助自己的父母，其实这是不正确的。孩子平时能在家里自己干一些家务，遇到问题了最开始会通过父母的帮助慢慢地解决，到后期，孩子就会变得独立思考，懂得自己去解决遇见的问题，这样孩子自己的想法就能被培养起来，而不是什么事都需要别人帮助。这对孩子的未来也是很有好处的。

4. 让孩子懂得感恩。现在很多孩子觉得大人对自己的好是理所当然的，因为自己是父母的儿女，就应该得到关爱。如果孩子有这样的想法，家长们要注意了。家长们要让孩子多做些家务，让孩子体验平时照顾家人的艰辛，懂得感恩照顾自己的人，理解父母的不容易。所以，安排家务势在必行。

现实中，很多家长的观点是孩子只要好好学习、读书就行了，家务活这种事情由大人来做。这种观念无疑是极其错误的。

张文质先生说：小时无担当，老大徒伤悲。父母应该把孩子教育成一个有担当的人，父母应该激发孩子的责任意识，同时要放手让孩子去承担自己的责任，为自己的事情负责。把孩子教育成一个真正能"立"起来的人，而不是依附在父母身上的软塌塌、较弱的人。这个"立"说的就是他对自己的人生、对家庭与亲人、对工作和社会有责任、有担当，从这个目的出发，父母应该在孩子小的时候就鼓励他们对自己负责，引导他们主动承担一些责任。

劳动意识、劳动能力强的孩子，其他方面的能力也会更强，更容易与他人建立和谐的关系。目前，中国大部分孩子的劳动意识教育明显缺失，父母应该创造一切条件提高孩子的劳动能力。

父母在孩子小的时候就应该让他做力所能及的事，小到洗自己的衣服，大到帮父母做饭、打扫卫生，要让他意识到，有些事是他分内的事，父母不会替他做。"自食其力"表达的是每个人对自我的一种责任感，让孩子意识到这就是自己的活儿，自己应该去完成。当他觉得办不到时，就要努力去想办法完成。在这个过程中，他的能力培养出来了，劳动意识也培养出来了，责任感也有了，那么这个人的价值自然也就提升了。

陪伴——永远不要缺失的家庭教育

章榕榕

在张文质先生的《父母改变 孩子改变》这本家校共读的书里，第二章《重建以孩子成长为中心的家庭文化》鞭辟入里地指出了目前城市家庭教育面临的一个最大问题——隐形留守儿童的增多带来的教育问题以及社会难题。

"留守儿童"这个名词本是指外出务工连续三个月以上的农民托留在户籍所在地的，由爷爷奶奶隔代年长者或其他亲属监护接受义务教育的适龄儿童。说起留守儿童，我们的第一反应就是穷苦的山区孩子——破旧的衣衫、粗糙的双手、黑红的脸颊、迷茫无助的眼神……他们的父母为了生计离开年幼的孩子，外出打工，与自己的孩子聚少离多、沟通少，留守儿童多由祖辈照顾。父母监护教育角色的缺失，对留守儿童的全面健康成长造成不良影响，引发了严重的社会问题，也引发了全社会的关注。但是，留守儿童难道仅仅只是贫穷的"特产"吗？不，实际上，城市的高楼大厦里也有很多隐形的留守儿童。和山区的留守儿童不同的是，他们虽然和父母生活在同一个城市，住在同一个房子里，却与父母近在咫尺，远在天涯。在成长里要么缺失父母的陪伴，要么得到的只是低质的陪伴，他们和山区留守儿童一样，在稚嫩的生命之初就承受着无边无际的孤独、迷茫和无助……

我们曾经在班级做过一个调查，每天不能和父母共进晚餐的孩子超过了三分之一。城市生活的节奏比较快,很多孩子的家庭都是这样的状态:早上孩子起床、吃早饭的时候,父母已匆忙上班;等到父母下班回家的时候,孩子已快要睡觉了。有些工作繁忙的父母可能还需要把一些工作带回到家中来做,等所有的工作都做完的时候,孩子早已进入了梦乡。工作占据了父母的大部分时间,孩子的吃穿住行要么交给长辈,要么交给托管机构负责,父母每天和孩子相处的时间不到半个小时。也有一些家境富裕的家庭,请了好几个保姆专门照顾孩子,自己一心扑在事业上,和孩子一年也见不了几面。

另外一个调查结论是,父母在家使用手机的时间太长。绝大部分孩子反映父母在家手机不离手,看起来是陪在孩子的身边,但他们的视线却一秒钟都没有离开过手中的手机,总是情不自禁地刷网页、朋友圈或者玩游戏,这种不用心的低质量陪伴其实是城市家庭的一种常态。

在孩子成长关键期,父母陪伴的缺失会让孩子的情感需求得不到满足,在孩子性格和心理的形成上造成严重的负面影响。学生常见的三种问题,追根溯源,都会发现是家庭教育中父母陪伴严重缺失造成的。

一、易怒易躁、偏激极端

曾经任教的班级有一位女生小A,家境良好,父母关系和谐,三四年级时她文静可爱。但进入五、六年级后发现她与同学、老师的冲突特别多,表现为课堂上不能接受老师善意的批评,和同学相处时因一点小事就会勃然大怒,或者痛哭流涕。后来我经过了解才得知,孩子在学校一系列的反常、偏激表现,原因竟是母亲怀孕后回老家待产了,差不多一年时间,她独自上下学,用外卖解决晚餐。而后弟弟出生了,弟弟回家后,父母将精力和耐心倾斜于二胎,无形中对老大的要求更高、更严一些。小A明显感受到父母的关注和陪伴骤然减少,感觉自己像是被父母抛弃一样，感受不到父母的关爱和回应，内心逐渐地像沙漠一样荒凉，情绪时常处于愤怒之中。

无独有偶，我发现，班级另一位性格倾向更为偏激极端、暴力倾向表现明显的男生小B，他的性格问题也出现在幼年时期父母离异后，父亲一直缺席，母亲信奉用钱可以解决孩子的一切教育问题，她信奉男孩子必须独立，自己学会解决问题，自己平时做微商刷手机，虽然陪在孩子身边，但眼睛不离手机，和孩子严重缺乏互动和交流。小B在成长中，心理问题一直得不到父母的回应和开解，逐渐缺乏对这个世界的信任，对父母以及他人关闭了沟通的渠道。由于长得比较高大，小B在自己的身体优势中，自以为找到了用暴力处理一切问题的方法。

二、自卑敏感、畏怯悲观

安全感是决定人心理健康的重要因素，也是健康人格发展的重要基础。一个人内心的安全感，最主要的来自早期的家庭教育以及父母的陪伴。缺少父母陪伴的孩子，内心的安全感会相对匮乏。若孩子感受不到父母提供的稳定、持续、一致、合理的爱，就会缺乏安全感。

每一个班级都会有小C这样的身影，她在同学们的眼里是古怪的，平时不和别的同学玩，课上经常处于一种精神涣散的状态，作业潦草，不能及时完成。她的性格较敏感，在班上也没什么玩伴，下课就坐在座位上做自己的事情。老师叫她去和同学玩，她会冲你勉强笑一下，仍坐着不动。后经过了解，我发现小C的性格源自幼年时期，她在老家由爷爷奶奶抚养到五六岁才回到父母身边，父母又急于在上学前纠正孩子在老家养成的卫生习惯，教育方法上以训斥的教育方式为主。而孩子从小是在父母的缺席下长大的，在情感上没有产生对父母的依恋信赖，为了减少被训斥，孩子逐渐变得不敢表达，将自己封闭在个人内心的小世界。

三、缺乏自控、漠视规则

学校里缺乏自控、漠视规则的小D们总是不可少的群体。他们在班级往往爱哗众取宠、多动浮躁，没有形成良好的生活习惯和学习习惯。这些孩子的身后往往站着慈爱宠溺的老人。年轻的父母因为工作或者贪玩，将孩子全权抛给爷爷奶奶、外公外婆，而隔代亲容易导致老人过度溺爱孩子，包办替代，过度保护。这些会导致孩子的行为缺乏底线，不遵守规矩，经常会做出一些破坏规则的行为，也容易养成一些坏习惯。还有些父母希望孩子不要打搅自己，用电子产品代替自己陪伴孩子。小D们缺少父母的言传身教，行为也没有相应的规矩约束，很难养成自控能力。作为父母，要给孩子必要的陪伴，同时也要教会孩子必要的规矩，让孩子在正确的行为框架下自由地成长。

最好的老师是父母，最好的教育是陪伴！一位教育学家研究发现，促使孩子在学习能力倾向测试上得高分的，智商、社会条件、经济地位都不及一个更微妙的因素重要，那就是"经常与父母一起吃晚饭"。父母的陪伴，不但能让孩子在婴幼儿时期就打下高智商、高情商的基础，更能因融洽的亲子关系让家庭教育入脑入心。现实也给了我们足够多的教训。心理学家研究发现，孩子烦躁、孤僻、冷漠、脾气多变，甚至具有攻击性行为，往往都是因为缺少父母的陪伴。在学校里，孩子们的各种问题几乎毫无例外地和缺少父母陪伴有关。

著名作家池莉说："我发现从古至今，孩子都是一样的，家长却发生了巨大的变化。现在太多的父母只愿在孩子身上花钱，不愿意花时间、精力和心思。实质上是家长变得糊涂了、自私了、盲目了、愚蠢了、懒惰了。"

是的，如今城市家庭一方面是父母的陪伴缺失越来越普遍，而另一方面却是"起跑线焦虑"越来越严重，家长们焦虑择校，焦虑分数，焦虑孩子在学校的表现，焦虑"别人家的孩子"比自家的强，却很少有人焦虑是否给予了孩子足够的陪伴。他们把孩子的欢乐放心地交给玩具、电子产品，把对孩子的陪伴交给老人、保姆，把孩子的学习交给学区房、名校，把孩子的成绩交给老师，把孩子的才艺培训交给各种各种的培训班……城市孩子们的周末和闲暇时间最常见的情形是：孩子们在教室上着各种辅导班，而家长坐在教室外面刷手机。

父母与其焦虑"起跑线"，不如少加点班，少看会儿手机，多陪陪孩子。为人父母，我们都渴望为孩子创造一个物质丰饶的环境，但是当为此而努力奋斗的时候，别忘了孩子的成长更需要父母的陪伴。毕竟，"起跑线焦虑"的靶子在终点，有父母的爱和温暖陪伴的孩子，才能跑得更快更远。世界上有很多事情可以补救，但我们陪伴孩子成长的时机往往转瞬即逝。"所谓父女母子一场，只不过意味着，你和他的缘分就是今生今世不断地在目送他的背影渐行渐远。你站立在小路的这一端，看着他逐渐消失在小路转弯的地方，而且，他用背影默默告诉你：不必追"。有多少家长总是等到孩子渐远渐行，再也追不上他的身影时才追悔莫及。

家庭教育对每个孩子来说都很重要。但是家庭教育并不是一个简单的定义，也不是一句口号，更不是表面上的"我在陪着孩子""我让他表达情绪了""我有蹲下跟孩子讲话"等符号。家庭教育的关键在于童年，在这个时期，父母要用全身心的陪伴，建立与孩子之间的通道，进而获得一种语言密码，走进孩子的心灵，与孩子建立起亲密关系。要舍得为孩子花时间，因为对孩子来说，爸爸妈妈舍得为自己花时间，就意味着"爸爸妈妈很在乎我"！爱是需要时间来积淀的，不花时间和孩子相处，一切的爱只能是空谈。

陪伴，是永远不能缺失的家庭教育，也是最好的教育。改变孩子，从父母全身心地陪伴开始！

遇见·爱

梁晓莹

亲近母语发起人徐冬梅评价《奶蜜盐》时，谓之："张文质老师以诗人之心、教育家之眼，发现了滋养孩子生命的营养——奶、蜜、盐。这三种核心元素，会给孩子带来充分的爱与鼓励，为孩子提供自由的成长空间，培养孩子强烈的责任心、良好的品格力！"——精读此书之后，我受益良多，从教学的角度，谈谈感受。

我现在执教六年级。不少家长或教师都认为，12岁的孩子已经慢慢成人化，生理上也出现青春期现象，孩子的管教更多地靠自觉，往往容易忽略爱的教育。但在我看来，每个人都是长不大的孩子，在任何阶段，都依旧需要"奶""蜜""盐"。

一、奶：从满足孩子的本能需求开始

六年级（3）班的孩子是一群有个性却不张扬，内敛但对一些新奇的事总蠢蠢欲动的孩子，不会惹事却又不愿承担。作为班主任，我早已把这35位学生当成自己的孩子。教育不分地点，无处不教育。家庭教育与学校教育的道理是相通的。

学生每天都有语、数、英等科目要学习，作为教师，我们与学生的相处往往只有课上的40分钟，在课后毫无交流。从教3年，第一次做班

春泥有情 护花开
——东莞外国语学校家校共读活动成果集

主任，内心难免忐忑，把"管理"两字看得很重。但在阅读《奶蜜盐》后，我发现陪伴才是最重要的。除了每天40分钟的数学课外，下课后我不会马上回到办公室，而是留在班里与学生交流；体育节、美食节、艺术节，与学生共同策划，为运动健儿呐喊助威；在宿舍，我们坐在一起阅读；当学生出现情绪问题了，找个舒服的地方谈谈心……逐渐地，学生信任我，班里的事务变得有商量、有温度，班里打闹、冲突的事情也少了，同学之间也有了关爱与尊重。除了学科知识，我与学生有更多情感的交流，这是只做科任老师无法感受到的幸福感。

心理学研究认为，每个青少年儿童都有对爱的需求。所以，每个教师都应该有一颗善良、热爱学生的心。在教育过程中，爱既是一切教育的前提条件，又是教育的基本方法和途径。爱的力量是无穷的。教师对学生的爱是一种高于友爱、异于母爱的特殊的爱。真诚的师爱有时比医药的诊治更能打动学生的心灵，常常会收到意想不到的教育效果。

>   欧同学出现生理疼痛，因为无法忍受而一直拒绝上学，家里人带他看医生后，进行了消炎和预防治疗。某天中午在宿舍，欧同学因为不舒服坚持要回家，认为躺在家里比躺在学校宿舍更舒服。家里人希望趁此机会锻炼孩子的意志力，同时不想让他滋生不上学的歪念，因此拒绝了欧同学的要求。但欧同学心灵比较脆弱，不轻易敞开心扉与人交流，遇事比较固执，让我们进退两难。

有些道理大家都理解，但如何让孩子听进去，才是教师、家长的智慧。欧同学因为家庭教育的原因，思维逐渐成人化，心理老师的诊断结果反映，欧同学的思想过于社会化。但一个12岁的孩子，怎么就能成熟地理解社会性呢？他终究还是一个孩子。于是，我改变了一开始跟他谈条件的策略,而是邀请他坐下好好谈。从他的角度去理解他的疼痛,并把女生的生理疼痛也告知他,尽可能做到共情。他开始理解这样的疼痛并不是那么难忍,开始明白,这样的疼痛没有那么独特,大家都会经历。他也发现,老师是真的关心他、用心在与他体验,而不是给他提出强制性要求。于是,他从一开始的抵制,到后来慢慢接受,并且坚持上完了下午的课程。只有心理强大,才有足够的力量去面对生活中的种种困难。

二、蜜:让孩子认识与体察"好的世界"

因为疫情的关系,不少学生返校后出现了学习疲惫、厌学的现象,有的学生的学习成绩更是一落千丈,疫情对于学习基础薄弱的学生来说,更是雪上加霜。我认为有良知、有道德、有眼光的教师应善待学生,慎用分数,对不及格的学生,尽量换一种评价方式,多一把衡量学生的尺子就会多出一批好学生。于是,在小升初最后一个月的时间,对学习成绩薄弱、心理问题较严重的学生,我们大胆地创立了"七彩班",先让这些学生培养学习习惯,点燃学习热情,发展学科知识以外的技能,关注学生的心理健康。我认为每个教师都要巧妙地利用分数,在让学生学习文化课的同时,也让学生天生的才能表现出来,去弥补他们后天不足的一面,不要因为分数而让学生失去自信。

立足于孩子的未来思考教育,如此你会发现,孩子的身体健康多么重要,合群多么重要,更容易快乐多么重要,遇到挫折能自我调节多么重要,孩子有自己感兴趣的领域多么重要。孩子的兴趣所在是他生命中最珍贵的一颗种子,得到了好的浇灌和培育,种子就会长成枝繁叶茂的大树,洒下片片绿荫!

孩子的成长是"慢"的过程,如同树木需要深深地扎根才能茁壮地成长。在孩子成长的过程中,我们要像阳光雨露般滋润孩子的心灵,给孩子添加足够的"奶""蜜""盐"。这样，拥有足够的生命滋养，孩子的身心才能更健康，才能走得越来越远，才能更加懂得如何获得幸福，拥有幸福的能力。

三、盐：我们的人生最缺的往往是品格与智识的"盐"

我与（3）班的孩子接触三年，对他们的能力和性格有了大致的了解。孩子们不愿意主动承担事情，责任意识不够。究其原因是以往的班级事务，老师操心得比较多，大部分孩子没有得到很好的锻炼。

我不希望班级里存在等级划分，也不喜欢权力过于集中。因此，我学习名班主任钟杰老师的办法，同时考虑到班里不少学生不愿意"担起大旗"的风气，实行值日班长的制度。每一位学生都有职务，每一个学生都是班里不可或缺的一分子。同学之间相互制衡、相互管理、相互监督。在这个过程中，每个学生都体会到做班干部的不易，学会了换位思考。慢慢地，（3）班的学生们形成了一个核心管理团队（班长与部长），每个部门中也有成员，齐心协力为班级服务。

感恩在我初当班主任之际遇见良师益友《奶蜜盐》，感恩遇到这群有潜力的孩子。教育是学校的工作，但不只是学校的工作。因为共读，我们更贴近学生的生活，了解学生的心理，从而实现了爱的教育。

寻找每个家庭专属的"奶""蜜""盐"

宋玉莲

《奶蜜盐》是一本难得的育儿好书,我读完很激动,很多观点虽是第一次读到,却有醍醐灌顶的感觉。同时,我又有点害怕和后悔,原来作为母亲,自己竟在无意中对孩子做了这么多不正确的事情。书中提到"我们的孩子,甚至孩子成年后的幸福,都来自父母,来自家庭"。原生家庭的影响竟然这样根深蒂固。于是,我细细地翻开并阅读《奶蜜盐》,静静地反思,自己的教育有哪些错误的观念和行为,然后加以改进。我们是不完美的父母,需要不断地完善自己。每个家庭都应该找到自己家庭专属的"奶""蜜""盐",为自己,为将来,也为我们的孩子。

首先,用高质量的陪伴为孩子一生涂上温暖的底色,是每个家庭必须给予的"第一道奶"。

我理解的这个"奶"除了指"生理之奶",更指代父母的高质量的陪伴。所以,用高质量的陪伴为孩子一生涂上温暖的底色是每个家庭必须给予的"第一道奶"。

陪伴不是陪着孩子就好了,孩子需要的是高质量的陪伴。父母一边玩手机、打游戏,还一边叫孩子在旁边认真做作业,这种心不在焉的陪伴不是真正的陪伴,甚至还是有害的。当自己看书时,孩子会很自然地坐在身边,也能拿起书阅读,这才是真正的言传身教。当孩子愿意滔滔不绝地跟父母分享的时候,这就是陪伴的意义。殊不知,有多少家庭的所谓的陪伴就是大人看电视孩子写作业，大人玩手机孩子读书，大人搓麻将孩子玩玩具。这样的陪伴不但不能让孩子感受到爱，甚至还可能激发他们不满的心理，所以才有了孩子一次次发出的"不要玩手机了、看我、教我、和我聊天"等呐喊。

其次，接纳孩子的情绪，包容孩子的不足，就是家庭中最好的"蜜"。

《奶蜜盐》一书中提到：健康阳光的孩子是被蜜浸润过的，在孩子成长过程中，父母要把鼓励、赞赏这些甜蜜的情感支持方式变成家庭中最重要的互动方式，这样的互动方式是对所有孩子成长有益的。

每一个生命都是独特的，也是复杂的。每个孩子身上既有很多好的东西，也存在着一些问题。但这些差异其实是不重要的，关键看我们如何打开它，生命被打开的状态是尤为重要的。如果是用鼓励、赞赏的方式打开，孩子的主动性、乐观性、探索精神等与生俱来的生命热情就会被释放出来，成为生命中最本真的能力和人与人之间最自然的反应和相处方式。如果打开的方式是批评、责备、打击，那孩子就会把自己隐藏起来，变得胆怯、不自信、不阳光。

所以，接纳与理解孩子的情绪，学会与孩子的不足相处是每个家庭都应该奉行的准则。就像《奶蜜盐》书中所说的那样，我们自己也不是完美的父母，凭什么要求孩子是一个完美的人呢？所有孩子身上有很优秀的地方，父母应该帮助孩子挖掘他的优势，让他在自己擅长的方面越来越优秀；同时所有孩子身上也都有一些与生俱来的、不可改变的缺点，父母要学会去接纳甚至保护他。父母的爱与耐心的陪伴、接纳与鼓励，是治疗孩子心灵的良药。

《奶密盐》书中提到：一个人遇到事情就畏缩，遇到挑战就沮丧，这种消极的态度和早期成长过程中鼓励的缺失有着极为密切的关系。人实际上是需要能量激发的生命个体，人生命中几乎所有潜在的能力、美好的可能性都是需要激发才能得到很好展现和发展的。作为父母要通过鼓励、肯定等方式激发孩子的能量,为孩子的一生成长体察和探索出一个更好的世界。

最后,责任感和规则意识是家庭教育中最重要的生命之"盐"。

"盐",多么美好而贴切的字眼。它既是世上最寻常的食物,又是不可或缺的调味品。"盐"在家庭教育中,指的是一个人坚毅勇敢、有责任心等优异品格。它体现在一个人无论在什么样的环境里,接受什么样的任务,遇到什么样的困难,都有面对现实去承担、去接受的能力,从而在锤炼中成长,而不是逃避和退缩。它指向每个生命个体成长中的责任感。人的一生总要承受一些沉重的东西,这可能会使人心事重重,被巨大的压力包围。而责任感就能提供一种向上的动力,它能让人举重若轻,让人处于承担责任的状态。事实上,每个人都会承担自己的责任,即使面对不利的处境,也想有所作为。作为家长我们应该充分相信孩子,放手让孩子去锻炼,这样就能慢慢培养出孩子的责任感。有了责任感的孩子无论遭遇到什么事情,无论在什么样的外境里,都能有从容的心境,都能闯出一片天地。

在培养责任感的同时,规则意识的培养也是十分重要的。正如书中所说,孩子出现问题了父母采用消极态度对待是不合适的,而是需要父母为孩子明确行为准则,告诉他应该干什么不该干什么。有些事情,哪怕孩子很不愿意,甚至十分抗拒,只要它是对孩子的成长有好处的,那父母就应该坚决让他做。有规则意识的孩子才能真正享有心灵的自由,才会拥有开放从容的心灵,才会拥有精神层面的信念和追求。规则意识强的孩子反而能享受生命的自由度,让生命有轻盈感,而不是被种种沉重沮丧所负累。责任感和规则意识构成了生命积极的动力,让孩子的成长之路更加顺畅。

环境会影响人的成长,在不同的环境里,人会有着不同的心境和情绪。每一个孩子的成长都会经历从对母亲的本能依赖,渐次发展为对父亲、家人、同学和老师的依赖或依恋，然后再发展为对社会的依靠，与其他人形成更为复杂的社会关系。我认为，孩子成长过程中最重要的环境就是家庭的氛围和父母的态度。人生总是与各种挑战相伴。父母帮助孩子成长，要学会放手，帮助孩子减少对亲情和家庭的依赖，就是给孩子最好的品格培养。我们终将明白，一个人生命中所添加的适当的"盐"能够让人处变不惊。

　　书中蕴含的智慧无穷，还需要我们反反复复地读，一边读着书，一边反思。孩子在成长过程中也是不断变化的，每个时期、每个阶段都会有不同的思想，作为父母的我们要去适应他们的变化，在不同阶段要用不同的方式去应对，做到与孩子一同成长。每个家庭、每对父母都应该在孩子的成长过程中赋予属于自己家庭足够而恰当的"奶""蜜""盐"，让我们的孩子变得可咸可甜，在困难面前阳光自信，在成功面前谦虚谨慎。

教师改变，学生改变

吴曼生

家庭教育的成功与否，将决定家庭生活幸福的程度。无论父母的事业有多么成功，对孩子的教育一旦失败，整个家庭就会陷入灾难。唯有父母改变才能够引导孩子去改变。因此，要想孩子成为好孩子，我们首先就要学会成为一个好爸爸和好妈妈。

虽然我还没有为人父，但"一日为师终身为父"，在学校我就是学生的"父"，需要改变学生，也需要先改变自己，从变成一个好"父"开始，一步一步使他们成为好学生。

一、每个学生来到学校都希望遇到一个好老师

《父母改变　孩子改变》书籍中有这么一句话：孩子的未来在父母的手心上。其前提是，父母始终把孩子放在自己的手中。我想，对学生的未来，教师也需要把他们放在手心上，这样才能够教育好学生。

苏霍姆林斯基说过：没有爱，就没有教育。然而，现在太多的教师只为了教知识而忽略了学生其他方面的成长需求，用成绩来衡量学生的好与坏，并不关心他们的内心世界和生命，这只会让更多的学生渐渐对教育失去了信心，甚至对老师失去了信任。每个学生都希望遇到一个好老师，正如老师希望遇到的都是好学生。希望都是美好的，但现实往往

春泥有情 护花开
—— 东莞外国语学校家校共读活动成果集

是骨感的，能够改变的首先是老师，然后再用好老师去教育出好学生。

  林同学是个上进的孩子，学习很刻苦，一心想在全班师生面前证明自己，但成绩一直上不去。在一次数学测试中我发现他偷偷瞄了一眼同桌的试卷，然后匆匆将自己试卷上的空白填上。其实，这种现象已经出现很多次了，我很多次想帮他改正这种不良行为，但迟迟不敢轻举妄动，因为他是一个自尊心特强又很上进的学生。

  第二天一大早，我装作毫不知情，和往常一样上课。在讲评试卷的过程中，当讲到林同学昨天不会的那道题时，我郑重地请他在黑板上讲解，他在黑板前准确地解释了答案。我笑着说："林同学讲得真好啊，不仅能够凭借自己的能力做对此题，还能够为大家讲解，真是个聪明又诚实的孩子啊！而且我相信他以后也会用这种诚实的态度参与到每一天的学习中。"说话时，我特意把"诚实"两字说得比较大声，说完后还特意与林同学的眼神对了对。他是个聪明的孩子，看到我的眼神，立刻明白了我的用意，红着脸走下了讲台。第二个星期，我收到了他写的保证书。这符合他的性格，他忌惮全班同学都知道这件事，回到家悄悄地在房间里写下了保证书。

  看到他悄悄写下的保证书，我很庆幸。如果当时我当着全班学生的面揭穿这件事，后果将很严重，对他的伤害很大。学生考试作弊表面上是蒙蔽老师以窃取高分，满足成就感，而实际上是害了自己，但对事情造成的后果他可能认识不清——孩子终究是孩子。这个案例中对于学生的作弊行为，我心知肚明却不当场揭穿，体现了对学生犯错的宽容，也保护着学生的自尊。我后来的含蓄批评他是非常乐意接受的，没有留下一点思想包袱。但如果反过来，又会是一种怎样的结局呢？我当众批评他，按他的想法和认识，他会觉得在同学面前留下了耻辱的体验，完全丧失了做人的尊严。

我想，教师在处理学生事情时，若能够停一停、想一想，改变一下处理方式，也许真的能够改变学生，让学生在我们的呵护下健康、快乐、自信地成长。

二、铁是铁，钢是钢，不要恨铁不成钢

《父母改变 孩子改变》书中提到，父母不要总对孩子说"我对你，真是恨铁不成钢"。理解孩子一定是放在第一位的工作。理解了才有同情，才有慈悲，才有以无限热情接纳孩子的信念。

作为教师，我们面对的是一个个不一样的学生，他们有着自己的成长轨迹。我们更应该学会理解学生，学会从不同的角度去观察学生，寻找属于他们的美。钢好，铁也可以很好。

> 刘同学是一个可爱、爱笑的小女孩儿，但是性格腼腆，在班上总是沉默不语，数学课上从不主动举手发言，缺乏竞争勇气和承受能力，导致自信心缺乏，最后连数学作业也不做了。当我询问她原因时，她表示做了也是不会。如何帮助她增强自信心，走出这个阴影呢？

教育学理论告诉我们，每个学生都是有进步渴求的，都希望别人认为自己是一个好学生。我也认为只要智力正常，没有教不好的学生。为了消除刘同学的畏惧心理，我在课余时间经常有意无意地找她闲谈，让她帮我抱作业本、发作业本，上课时从不公开点名批评她，发现她有

所进步就及时表扬，在上课时经常用眼神来鼓励她，还经常对学生说："看，刘同学今天坐得真端正，听课非常认真！""刘同学这题做得又快又对。"渐渐地，她开始喜欢和我接近了。一次，我在课堂练习巡视时，她主动冲我笑了，扬起草稿本让我检查。

通过努力，刘同学现在有了很大的变化，她的学习成绩在逐步提高，在一次数学测试中考到了91分。她上课能专心听讲，敢于举手发言且声音响亮。

对于父母，"爱孩子超越了责任，爱孩子是你的命业"，对于教师也是如此，爱学生是每一位教师的责任。我们不需要理会学生是铁或是钢，因为他们都有自己的价值，而教师要有的是发现美的眼睛。对那些自信心不足的学生，要及时给予更多的关爱与耐心，让他们感到："我能行。""我是最棒的。"教师用耐心一天一天地灌溉着这些孩子，他们便会绽放本有的光彩！

三、陪伴是最好的改变

养育孩子，比专业知识更重要的是情感，每个父母在孩子身上最重要的投入就是陪伴。教育学生也是如此，没有任何一个教师是不依靠情感就能管理好班级的。只有孩子们在你身上感受到了你对他们真实的情感，他们才会为你而改变，而这些情感就需要教师在陪伴学生的过程中慢慢建立起来。

在没有成为班主任之前我是一个数学老师，每天和孩子们的交集就只有数学，话题似乎也就只有数学，真正陪伴他们一起聊天做事的时间非常少。直到成为他们的班主任之后，我才渐渐地与他们走得更近了，聊得更多了。我看到了他们很多的优缺点，他们也更加了解我。我发现，成为他们的班主任之后他们并没害怕我，而是更加靠近我。我还偷听到他们背后叫我哥——可能是因为我长得比较年轻，更有可能是因为我和他们一样喜欢做幼稚的事情。正是这样的陪伴改善了孩子的学校生活，真正做到让班级成为家庭，让教室成为家，让孩子在快乐轻松的生活中成长。虽然还没达到这种效果，但是事实已经证明，时间真的可以改变很多。这个时间不是长短，而是多少，是与孩子们接触时间的多或少。

虽然《父母改变　孩子改变》这本书是写给有孩子的父母的，但是我读着读着却发现很多建议十分适合教师。父母需要改变，教师也需要。正是我们的改变才推动了孩子的改变，孩子在有爱、有鼓励、有帮助的环境里，会更加健全、健康地成长。

教育孩子不仅要有爱心，更要有方法

谢 念

给孩子一个好的教育，责任既在学校，也在家长。结合当今现实，我们既要无比重视孩子的教育问题，又要时刻警惕一些不良或有潜在危险的行为对孩子造成伤害，维护孩子成长的权利。生养一个孩子，就意味着一生的责任。

去年年底，在家校共读活动中，学校老师和家长共同阅读了张文质老师的《父母改变　孩子改变》这本书。这是一本所有已为人父母的人或即将为人父母的人都应该好好读读的书，特别是对那些孩子刚刚一两岁的年轻父母们，这真可以算作文质老师精心为大家准备的最好的应时礼物了。别的不说，光只听听书名——"父母改变　孩子改变"，再稍稍品一品，就足以让人怦然心动了。

《父母改变　孩子改变》这本书围绕着当今父母与孩子教育的几个大问题，从孩子的未来讲到父母的责任；从与孩子生活在一起，讲到重建以孩子为中心的家庭文化氛围；从健康的培养方式讲到如何成全孩子，并以简洁的"八条戒律"的方式明确写出具体的操作条款。书中有不少教育孩子的先进理念和经验供我们借鉴学习。例如，"给父母的8条戒律""给父母的20条建议""给孩子的20条建议""新父母的100个教育信条""父母该做的12件事""父母不该做的12件事"等，我觉得，掌握这些建议，我们在教育孩子的时候能用更正常的心态来面对孩子，这些建议让我们懂得如何去做，懂得如何去爱，从某个角度来说，在学会教育孩子的同时我们身上的智慧也被唤醒了。

一、表扬与鼓励

孩子的成长最需要父母"无限热情的鼓励"，孩子成长的每一步，都受到本能的主导，同时也是父母及教师鼓励的结果。鼓励不仅能够使孩子成长得更快、更顺利，还会成为一种文化，让孩子明白自己生活在爱之中，让孩子更信赖所生活的世界，更信赖自己的父母、自己的老师。鼓励会使一个人慢慢地找到生命的方向。尤其是面对班级那些内向而腼腆的孩子，我总会找一些平台、场合，让他们也有机会表现自己，让他们看到自身的进步与不断增长的智慧和力量。只要我们从孩子的实际出发，用孩子的今天和昨天作比较，就会发现孩子是在不断成长进步的。教师真诚热情的鼓励、满意信任的目光、亲切喜悦的笑脸，都会给孩子带来力量。孩子受到鼓励后，学习热情和思考探索的积极性会很高，这对孩子养成良好的学习行为习惯有着积极意义，也更容易让孩子树立自信心。孩子会在鼓励声中一步步向更高的水平攀登。

二、温和而坚定

父母应该以"无限尊重的态度"对待孩子的成长，既不能强迫、改变他，也不能过度溺爱他。养育孩子，"温和而坚定"是最恰当的教育。在"温和"中孩子才能自由成长，在"坚定"中孩子可以学会自律。

当孩子惹麻烦或犯错误时，我们最好是走到他跟前，蹲下来，握着他的手，看着他的眼睛，温和而认真地告诉孩子什么地方做得不对，一直到他认识到自己的错误为止。这样眼睛对眼睛、手心对手心的教育，可以直接抵达孩子的心灵。它会让孩子明白大人喜欢什么、反对什么、绝对禁止什么，通过这样温和而又坚定的教育给孩子树标尺，划出界限。同时，这样的教育方式本身也是一种精神教育，因为在教育过程中，有时道理是对的，但方法不对、态度不对、场合不对、时机不对，可能都难以达到教育效果，有时还会适得其反，造成不良后果。只有正确的思想加上正确的方法才能达到最好的效果，这样的教育不仅有助于孩子改正错误，也能让孩子从中获取精神的收获。

"温和而坚定"意味着在教养孩子时，态度温和而坚定。用"温和而坚定"的方式教养出来的孩子多表现为独立自主，有较强的人格魅力，能够友好地对待同伴，富有合作精神。他们追求成功的动机很强，并且会常获得成功且受人喜爱。学习并了解这些理论后，我更多地会用"温和而坚定"的方式来面对和处理学生的问题。在处理孩子问题时，我对孩子的情绪是无条件接纳的，允许孩子表达情绪，能对孩子一直保持温和的态度。"接纳孩子的情绪"，并不代表偏爱，更不意味着会放纵孩子的所有行为、满足孩子的所有要求。我在对孩子的行为方面是有着明确要求的，在规范孩子行为时态度是坚定的、不退缩的。

"温和而坚定"这五个字虽然说起来简单，但其实是基于我们对自己的人格状态、情绪管理、沟通模式等方面都做出改善和成长才能达到的效果。

三、谨慎而恰当

随着孩子的成长，特别是孩子上学以后，教育时机的选择就变成一个更为重要的问题。一方面，孩子越来越意识到自己是一个独立的人，自尊心也变得越来越强；另一方面，他毕竟又是成长中的人，免不了要犯错误。大人对孩子的教育，首先要特别谨慎，其次是要恰当，此外要意识到无论什么情况下都要注重保护孩子的心灵。尤其要克服自己"一吐为快"的冲动——一生气什么话都出口了，什么顾忌都没有了，看上去很有效，但后果很麻烦。

教育孩子，一定要针对其自身的情况给予恰当的评价，采用"横向比较"、以别人的孩子作为榜样进行教育，往往适得其反。每个孩子身上都有相应的智能优势，再差的孩子也并非一无是处，关键在于大人要有一双善于发现美的眼睛和一颗时时给予孩子鼓励的敏感的心。

教育孩子，是我们一辈子的事业，需要好好规划，需要不断学习与示范，需要陪伴孩子，更需要与孩子生活在一起。在教育中，更重要的不是宣泄而是克制，当孩子让我们很生气的时候，为了避免犯错误，最简单的办法就是先忍一忍，多想一想，克制一下情绪再处理问题。对待孩子，也许还应该把我们耳熟能详的两个成语改一改：理直气壮、义正词严，更多的时候应该改为"理直气和""义正词婉"。管教从严，讲的是原则从严、心思从严，态度上则要尽可能地诚恳、温和、耐心。有智慧的教师无须对学生严词斥责，有智慧的父母时刻能够意识到教育孩子不能追求立竿见影的效果。人生不是百米短跑，它是一场超长距离的马拉松，最后发挥决定性作用的是人的精神状态、身体状态和人对自己的期待。

当然，张文质老师在这本书里还讲了很多家庭教育方面具体的做法，以及其他一些很有见地的观点，如他提到的八条人文常识、从"手对手"到"肩并肩"等，都是非常让人受启发的好建议。在读书的过程中，我总有一种错觉：张老师俨然就坐在身前，我聆听着他那富有激情的如诗一般充满了无限魅力的话语，为其中无处不在的深厚而赤诚的教育情怀所感动，并一次次地为张文质老师深邃的思考和真知灼见所折服。